A ARTE DE CONJUGAR

Verbos Franceses

de
Pascale Rousseau

Tradução
MONICA STAHEL

Esta obra foi publicada originalmente em alemão com o título
VERBTABELLEN FRANZÖSISCH por Ernst Klett Verlag, Stuttgart.
Copyright © Ernst Klett Verlag GmbH, Stuttgart 1998.
Copyright © 2001, Livraria Martins Fontes Editora Ltda.,
São Paulo, para a presente edição.

1ª edição 2001
2ª edição 2012
3ª tiragem 2023

Tradução
MONICA STAHEL

Revisões
Ivete Batista dos Santos
Sandra Regina de Souza
Produção gráfica
Geraldo Alves
Paginação
Studio 3 Desenvolvimento Editorial
Capa
Katia Harumi Terasaka Aniya

Dados Internacionais de Catalogação na Publicação (CIP)
(Câmara Brasileira do Livro, SP, Brasil)

Rousseau, Pascale
  A arte de conjugar : verbos franceses / de Pascale Rousseau ; tradução Monica Stahel. – 2ª ed. – São Paulo : Editora WMF Martins Fontes, 2012.

  Título original: Verbtabellen Französisch.
  ISBN 978-85-7827-610-2

  1. Francês – Verbos I. Título.

12-09130   CDD-445

Índices para catálogo sistemático:
1. Verbos : Francês : Linguística 445

Todos os direitos desta edição reservados à
Editora WMF Martins Fontes Ltda.
Rua Prof. Laerte Ramos de Carvalho, 133 01325.030 São Paulo SP Brasil
Tel. (11) 3293.8150 e-mail: info@wmfmartinsfontes.com.br
http://www.wmfmartinsfontes.com.br

Sumário

Como utilizar este livro 4
Observações sobre ortografia. 7
Tabelas de conjugação 8
    Verbos pronominais reflexivos 8
    Voz passiva 9
    O verbo auxiliar *avoir* 10
    O verbo auxiliar *être* 11
    Verbos regulares em **-er** (1.º grupo) 12
        parler 12
        Casos especiais 13
    Verbos regulares em **-ir** (2.º grupo) 25
        finir 25
    59 verbos irregulares em ordem alfabética (1.º-3.º grupos). 26

Verbos defectivos. 85
Lista de verbos em ordem alfabética 88

Como utilizar este livro

Este livro pode ser utilizado por quem deseja conhecer e fixar as formas de um determinado verbo e, ao mesmo tempo, informar-se sobre suas particularidades e irregularidades. Também pode ser utilizado para consultas rápidas, quando se apresenta alguma dúvida sobre o emprego de uma determinada forma verbal.

A arte de conjugar verbos franceses lhe oferece tabelas de conjugação de 74 verbos regulares e irregulares, um verbo pronominal reflexivo e um na voz passiva. Esses modelos de conjugação mostram todas as formas – inclusive as compostas – numa mesma página, facilitando a consulta e a visualização. As particularidades de cada verbo são grafadas em cores e resumidas em fórmulas práticas, colocadas no alto da respectiva tabela de conjugação.

Construção das tabelas de conjugação

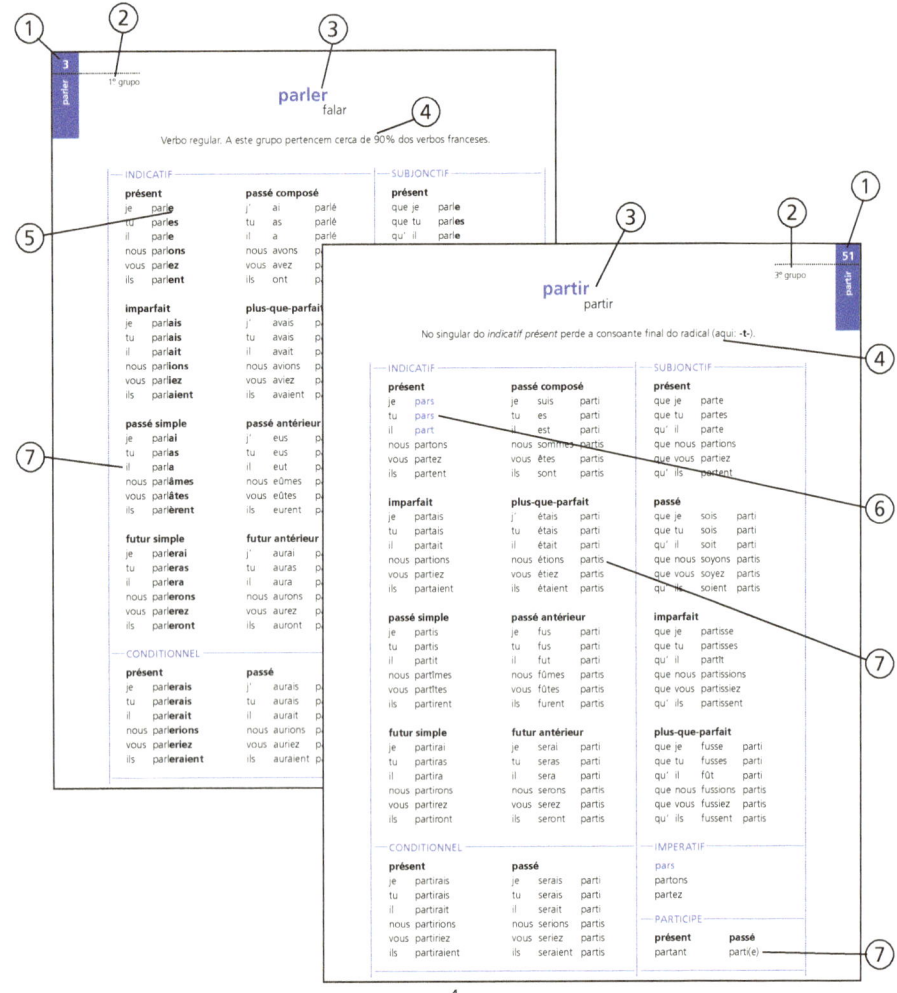

① **Número da tabela:** Identificação da posição de cada verbo na lista por ordem alfabética.

② **Grupo verbal:** Indicação do grupo verbal a que pertence o verbo. Em francês, há três grupos verbais:
> 1.º grupo: verbos em **-er**
> 2.º grupo: verbos em **-ir**
> 3.º grupo: verbos em **-re** e **-oir**

③ **Verbo e tradução:** Identificação do verbo conjugado, que servirá de exemplo para todos os verbos semelhantes (da mesma conjugação).

④ **Características:** Indicação das particularidades ou irregularidades do verbo.

⑤ **Destaque das desinências:** Nos verbos regulares que servem de modelo de conjugação do 1.º, 2.º e 3.º grupos (n.ºˢ 4, 5 e 6), as desinências de cada forma são grafadas em negrito.

⑥ **Destaque em cores:** As formas que divergem da conjugação regular são grafadas em azul.

⑦ **Omissão das formas do feminino:** Na 3.ª pessoa do singular e do plural indica-se apenas a forma pronominal masculina (omitem-se *elle* e *elles*). Também, nos tempos compostos conjugados com *être*, registra-se apenas a forma masculina do *participe* (assim, *nous sommes allés* e não *nous sommes allé[e]s*). No entanto, no *participe passé* consta a forma feminina, quando ela existe.

Na lista de verbos em ordem alfabética do final deste livro, você encontrará cerca de 1.250 verbos irregulares com a indicação do número do verbo cuja conjugação lhe serve como modelo. Além disso, essa lista traz informações sobre o emprego de *avoir* e *être* nos tempos compostos e sobre a regência dos verbos que possam apresentar alguma dificuldade.

Atenção: na página 7 você encontrará algumas informações sobre particularidades ortográficas dos verbos franceses.

Bom proveito!

Observações sobre ortografia

Muitos verbos franceses sofrem alterações ortográficas regulares para que a pronúncia da forma principal possa ser mantida:

- Nos verbos terminados em **-cer**, o **-c-** passa para **-ç-** antes das desinências iniciadas por **-a** ou **-o**:
  annon**c**er → nous annon**ç**ons, commen**c**er → il commen**ç**ait

- Nos verbos terminados em **-ger** introduz-se um **-e-** antes das desinências iniciadas por **-a** ou **-o**:
  man**g**er → il man**ge**ait, na**g**er → nous na**ge**ons

- Nos verbos terminados em **-oyer** e **-uyer** o **-y-** passa para **-i-** antes do **-e** não pronunciado:
  netto**y**er → je netto**i**e, aber: nous netto**y**ons
  appu**y**er → il appu**i**e, aber: nous appu**y**ons

  Verbos terminados em **-ayer** podem conservar o **-y-** em todas as formas (ou seguir o modelo **-oyer / -uyer**):
  pa**y**er → je pa**y**e ou je pa**i**e,
  essa**y**er → nous essa**y**erons ou nous essa**i**erons

- Nos verbos do grupo espérer (n.º 12) o **-é-** se conserva no *futur simple* e no *conditionnel présent*.
  esp**é**rer → j'esp**é**rerai, j'esp**é**rerais

  A grafia *j'espèrerai(s)* foi abolida nas *Rectifications de l'ortographe* de 1990.

Atenção: Nos verbos dos grupos seguintes não há mudanças ou introdução de letras:

- Em verbos terminados em **-ier** o **-i-** pertence ao radical e permanece em todas as formas:
  pr**i**er → que nous pr**ii**ons, cop**i**er → que vous cop**ii**ez

- Verbos terminados em **-éer** sempre conservam o **-é-**:
  cr**é**er → ils cr**é**ent, cr**éé**(e), agr**é**er → j'agr**é**e, agr**éé**(e)

- Verbos terminados em **-guer** conservam o **-u-** em todas as formas, mesmo antes das vogais **-a** e **-o**:
  distin**gu**er → nous distin**gu**ons, conju**gu**er → je conju**gu**ais

  O mesmo vale para os verbos terminados em **-quer**:
  fabri**qu**er → nous fabri**qu**ons, criti**qu**er → ils criti**qu**aient

Conjugação de verbos pronominais reflexivos:

Esse tipo de verbo sempre se conjuga com o auxiliar *être*.
me, te, se → *m', t', s'* quando a primeira letra do verbo é uma vogal (p. ex. *s'allonger*) ou com h mudo (p. ex. *s'habituer*).

INDICATIF

présent
je me lève
tu te lèves
il se lève
nous nous levons
vous vous levez
ils se lèvent

passé composé
je me suis levé
tu t' es levé
il s' est levé
nous nous sommes levés
vous vous êtes levés
ils se sont levés

imparfait
je me levais
tu te levais
il se levait
nous nous levions
vous vous leviez
ils se levaient

plus-que-parfait
je m' étais levé
tu t' étais levé
il s' était levé
nous nous étions levés
vous vous étiez levés
ils s' étaient levés

passé simple
je me levai
tu te levas
il se leva
nous nous levâmes
vous vous levâtes
ils se levèrent

passé antérieur
je me fus levé
tu te fus levé
il se fut levé
nous nous fûmes levés
vous vous fûtes levés
ils se furent levés

futur simple
je me lèverai
tu te lèveras
il se lèvera
nous nous lèverons
vous vous lèverez
ils se lèveront

futur antérieur
je me serai levé
tu te seras levé
il se sera levé
nous nous serons levés
vous vous serez levés
ils se seront levés

SUBJONCTIF

présent
que je me lève
que tu te lèves
qu' il se lève
que nous nous levions
que vous vous leviez
qu' ils se lèvent

passé
que je me sois levé
que tu te sois levé
qu' il se soit levé
que nous nous soyons levés
que vous vous soyez levés
qu' ils se soient levés

imparfait
que je me levasse
que tu te levasses
qu' il se levât
que nous nous levassions
que vous vous levassiez
qu' ils se levassent

plus-que-parfait
que je me fusse levé
que tu te fusses levé
qu' il se fût levé
que nous nous fussions levés
que vous vous fussiez levés
qu' ils se fussent levés

CONDITIONNEL

présent
je me lèverais
tu te lèverais
il se lèverait
nous nous lèverions
vous vous lèveriez
ils se lèveraient

passé
je me serais levé
tu te serais levé
il se serait levé
nous nous serions levés
vous vous seriez levés
ils se seraient levés

IMPERATIF

lève-toi
levons-nous
levez-vous

PARTICIPE

présent   **passé**
se levant   s'étant levé

Voz passiva

A voz passiva é conjugada com o verbo *être*. O *participe* concorda sempre com o sujeito, em gênero e número: *elle est élue*...

INDICATIF

présent
je	suis	élu
tu	es	élu
il	est	élu
nous	sommes	élus
vous	êtes	élus
ils	sont	élus

passé composé
j'	ai	été	élu
tu	as	été	élu
il	a	été	élu
nous	avons	été	élus
vous	avez	été	élus
ils	ont	été	élus

imparfait
j'	étais	élu
tu	étais	élu
il	était	élu
nous	étions	élus
vous	étiez	élus
ils	étaient	élus

plus-que-parfait
j'	avais	été	élu
tu	avais	été	élu
il	avait	été	élu
nous	avions	été	élus
vous	aviez	été	élus
ils	avaient	été	élus

passé simple
je	fus	élu
tu	fus	élu
il	fut	élu
nous	fûmes	élus
vous	fûtes	élus
ils	furent	élus

passé antérieur
j'	eus	été	élu
tu	eus	été	élu
il	eut	été	élu
nous	eûmes	été	élus
vous	eûtes	été	élus
ils	eurent	été	élus

futur simple
je	serai	élu
tu	seras	élu
il	sera	élu
nous	serons	élus
vous	serez	élus
ils	seront	élus

futur antérieur
j'	aurai	été	élu
tu	auras	été	élu
il	aura	été	élu
nous	aurons	été	élus
vous	aurez	été	élus
ils	auront	été	élus

CONDITIONNEL

présent
je	serais	élu
tu	serais	élu
il	serait	élu
nous	serions	élus
vous	seriez	élus
ils	seraient	élus

passé
j'	aurais	été	élu
tu	aurais	été	élu
il	aurait	été	élu
nous	aurions	été	élus
vous	auriez	été	élus
ils	auraient	été	élus

SUBJONCTIF

présent
que je	sois	élu
que tu	sois	élu
qu' il	soit	élu
que nous	soyons	élus
que vous	soyez	élus
qu' ils	soient	élus

passé
que j'	aie	été	élu
que tu	aies	été	élu
qu' il	ait	été	élu
que nous	ayons	été	élus
que vous	ayez	été	élus
qu' ils	aient	été	élus

imparfait
que je	fusse	élu
que tu	fusses	élu
qu' il	fût	élu
que nous	fussions	élus
que vous	fussiez	élus
qu' ils	fussent	élus

plus-que-parfait
que j'	eusse	été	élu
que tu	eusses	été	élu
qu' il	eût	été	élu
que nous	eussions	été	élus
que vous	eussiez	été	élus
qu' ils	eussent	été	élus

IMPERATIF

sois élu
soyons élus
soyez élus

PARTICIPE

présent   **passé**
étant élu   ayant été élu

avoir
ter

3º grupo

Verbo auxiliar

INDICATIF

présent
j'   ai
tu   as
il   a
nous avons
vous avez
ils ont

imparfait
j'   avais
tu   avais
il   avait
nous avions
vous aviez
ils avaient

passé simple
j'   eus
tu   eus
il   eut
nous eûmes
vous eûtes
ils eurent

futur simple
j'   aurai
tu   auras
il   aura
nous aurons
vous aurez
ils auront

passé composé
j'   ai   eu
tu   as   eu
il   a   eu
nous avons eu
vous avez   eu
ils ont   eu

plus-que-parfait
j'   avais   eu
tu   avais   eu
il   avait   eu
nous avions eu
vous aviez   eu
ils avaient eu

passé antérieur
j'   eus   eu
tu   eus   eu
il   eut   eu
nous eûmes eu
vous eûtes eu
ils eurent eu

futur antérieur
j'   aurai   eu
tu   auras   eu
il   aura   eu
nous aurons eu
vous aurez   eu
ils auront eu

SUBJONCTIF

présent
que j'   aie
que tu   aies
qu' il   ait
que nous ayons
que vous ayez
qu' ils   aient

passé
que j'   aie   eu
que tu   aies   eu
qu' il   ait   eu
que nous ayons eu
que vous ayez   eu
qu' ils   aient eu

imparfait
que j'   eusse
que tu   eusses
qu' il   eût
que nous eussions
que vous eussiez
qu' ils   eussent

plus-que-parfait
que j'   eusse   eu
que tu   eusses   eu
qu' il   eût   eu
que nous eussions eu
que vous eussiez eu
qu' ils   eussent eu

CONDITIONNEL

présent
j'   aurais
tu   aurais
il   aurait
nous aurions
vous auriez
ils auraient

passé
j'   aurais   eu
tu   aurais   eu
il   aurait   eu
nous aurions eu
vous auriez   eu
ils auraient eu

IMPERATIF

aie
ayons
ayez

PARTICIPE

présent   **passé**
ayant   eu(e)

être

ser, estar

Verbo auxiliar

INDICATIF

présent
- je suis
- tu es
- il est
- nous sommes
- vous êtes
- ils sont

imparfait
- j' étais
- tu étais
- il était
- nous étions
- vous étiez
- ils étaient

passé simple
- je fus
- tu fus
- il fut
- nous fûmes
- vous fûtes
- ils furent

futur simple
- je serai
- tu seras
- il sera
- nous serons
- vous serez
- ils seront

passé composé
- j' ai été
- tu as été
- il a été
- nous avons été
- vous avez été
- ils ont été

plus-que-parfait
- j' avais été
- tu avais été
- il avait été
- nous avions été
- vous aviez été
- ils avaient été

passé antérieur
- j' eus été
- tu eus été
- il eut été
- nous eûmes été
- vous eûtes été
- ils eurent été

futur antérieur
- j' aurai été
- tu auras été
- il aura été
- nous aurons été
- vous aurez été
- ils auront été

CONDITIONNEL

présent
- je serais
- tu serais
- il serait
- nous serions
- vous seriez
- ils seraient

passé
- j' aurais été
- tu aurais été
- il aurait été
- nous aurions été
- vous auriez été
- ils auraient été

SUBJONCTIF

présent
- que je sois
- que tu sois
- qu' il soit
- que nous soyons
- que vous soyez
- qu' ils soient

passé
- que j' aie été
- que tu aies été
- qu' il ait été
- que nous ayons été
- que vous ayez été
- qu' ils aient été

imparfait
- que je fusse
- que tu fusses
- qu' il fût
- que nous fussions
- que vous fussiez
- qu' ils fussent

plus-que-parfait
- que j' eusse été
- que tu eusses été
- qu' il eût été
- que nous eussions été
- que vous eussiez été
- qu' ils eussent été

IMPERATIF

- sois
- soyons
- soyez

PARTICIPE

présent
- étant

passé
- été *(invariável)*

3º grupo

1.º grupo

parler
falar

Verbo regular. A este grupo pertencem cerca de 90% dos verbos franceses.

INDICATIF

présent
je parle
tu parles
il parle
nous parlons
vous parlez
ils parlent

imparfait
je parlais
tu parlais
il parlait
nous parlions
vous parliez
ils parlaient

passé simple
je parlai
tu parlas
il parla
nous parlâmes
vous parlâtes
ils parlèrent

futur simple
je parlerai
tu parleras
il parlera
nous parlerons
vous parlerez
ils parleront

passé composé
j' ai parlé
tu as parlé
il a parlé
nous avons parlé
vous avez parlé
ils ont parlé

plus-que-parfait
j' avais parlé
tu avais parlé
il avait parlé
nous avions parlé
vous aviez parlé
ils avaient parlé

passé antérieur
j' eus parlé
tu eus parlé
il eut parlé
nous eûmes parlé
vous eûtes parlé
ils eurent parlé

futur antérieur
j' aurai parlé
tu auras parlé
il aura parlé
nous aurons parlé
vous aurez parlé
ils auront parlé

SUBJONCTIF

présent
que je parle
que tu parles
qu' il parle
que nous parlions
que vous parliez
qu' ils parlent

passé
que j' aie parlé
que tu aies parlé
qu' il ait parlé
que nous ayons parlé
que vous ayez parlé
qu' ils aient parlé

imparfait
que je parlasse
que tu parlasses
qu' il parlât
que nous parlassions
que vous parlassiez
qu' ils parlassent

plus-que-parfait
que j' eusse parlé
que tu eusses parlé
qu' il eût parlé
que nous eussions parlé
que vous eussiez parlé
qu' ils eussent parlé

CONDITIONNEL

présent
je parlerais
tu parlerais
il parlerait
nous parlerions
vous parleriez
ils parleraient

passé
j' aurais parlé
tu aurais parlé
il aurait parlé
nous aurions parlé
vous auriez parlé
ils auraient parlé

IMPERATIF

parle
parlons
parlez

PARTICIPE

présent   **passé**
parlant   parlé(e)

prier
suplicar, rezar

1º grupo

Verbo regular. O **-i-** pertence ao radical e se mantém em todas as formas.

INDICATIF

présent
je prie
tu pries
il prie
nous prions
vous priez
ils prient

imparfait
je priais
tu priais
il priait
nous priions
vous priiez
ils priaient

passé simple
je priai
tu prias
il pria
nous priâmes
vous priâtes
ils prièrent

futur simple
je prierai
tu prieras
il priera
nous prierons
vous prierez
ils prieront

passé composé
j' ai prié
tu as prié
il a prié
nous avons prié
vous avez prié
ils ont prié

plus-que-parfait
j' avais prié
tu avais prié
il avait prié
nous avions prié
vous aviez prié
ils avaient prié

passé antérieur
j' eus prié
tu eus prié
il eut prié
nous eûmes prié
vous eûtes prié
ils eurent prié

futur antérieur
j' aurai prié
tu auras prié
il aura prié
nous aurons prié
vous aurez prié
ils auront prié

SUBJONCTIF

présent
que je prie
que tu pries
qu' il prie
que nous priions
que vous priiez
qu' ils prient

passé
que j' aie prié
que tu aies prié
qu' il ait prié
que nous ayons prié
que vous ayez prié
qu' ils aient prié

imparfait
que je priasse
que tu priasses
qu' il priât
que nous priassions
que vous priassiez
qu' ils priassent

plus-que-parfait
que j' eusse prié
que tu eusses prié
qu' il eût prié
que nous eussions prié
que vous eussiez prié
qu' ils eussent prié

CONDITIONNEL

présent
je prierais
tu prierais
il prierait
nous prierions
vous prieriez
ils prieraient

passé
j' aurais prié
tu aurais prié
il aurait prié
nous aurions prié
vous auriez prié
ils auraient prié

IMPERATIF

prie
prions
priez

PARTICIPE

présent   **passé**
priant   prié(e)

créer
criar

1º grupo

Verbo regular. O **-é-** pertence ao radical. Permanece em todas as formas e outros **-e-** ou **-é-** podem seguir-se a ele.

INDICATIF

présent
- je crée
- tu crées
- il crée
- nous créons
- vous créez
- ils créent

imparfait
- je créais
- tu créais
- il créait
- nous créions
- vous créiez
- ils créaient

passé simple
- je créai
- tu créas
- il créa
- nous créâmes
- vous créâtes
- ils créèrent

futur simple
- je créerai
- tu créeras
- il créera
- nous créerons
- vous créerez
- ils créeront

passé composé
- j' ai créé
- tu as créé
- il a créé
- nous avons créé
- vous avez créé
- ils ont créé

plus-que-parfait
- j' avais créé
- tu avais créé
- il avait créé
- nous avions créé
- vous aviez créé
- ils avaient créé

passé antérieur
- j' eus créé
- tu eus créé
- il eut créé
- nous eûmes créé
- vous eûtes créé
- ils eurent créé

futur antérieur
- j' aurai créé
- tu auras créé
- il aura créé
- nous aurons créé
- vous aurez créé
- ils auront créé

SUBJONCTIF

présent
- que je crée
- que tu crées
- qu' il crée
- que nous créions
- que vous créiez
- qu' ils créent

passé
- que j' aie créé
- que tu aies créé
- qu' il ait créé
- que nous ayons créé
- que vous ayez créé
- qu' ils aient créé

imparfait
- que je créasse
- que tu créasses
- qu' il créât
- que nous créassions
- que vous créassiez
- qu' ils créassent

plus-que-parfait
- que j' eusse créé
- que tu eusses créé
- qu' il eût créé
- que nous eussions créé
- que vous eussiez créé
- qu' ils eussent créé

CONDITIONNEL

présent
- je créerais
- tu créerais
- il créerait
- nous créerions
- vous créeriez
- ils créeraient

passé
- j' aurais créé
- tu aurais créé
- il aurait créé
- nous aurions créé
- vous auriez créé
- ils auraient créé

IMPERATIF

- crée
- créons
- créez

PARTICIPE

présent
- créant

passé
- créé (créée)

annoncer
anunciar

1.º grupo

Verbo regular com particularidades ortográficas: **-c-** → **-ç-** antes de **-a** e **-o**.

INDICATIF

présent
j'   annonce
tu   annonces
il   annonce
nous annonçons
vous annoncez
ils   annoncent

imparfait
j'   annonçais
tu   annonçais
il   annonçait
nous annoncions
vous annonciez
ils   annonçaient

passé simple
j'   annonçai
tu   annonças
il   annonça
nous annonçâmes
vous annonçâtes
ils   annoncèrent

futur simple
j'   annoncerai
tu   annonceras
il   annoncera
nous annoncerons
vous annoncerez
ils   annonceront

passé composé
j'   ai   annoncé
tu   as   annoncé
il   a   annoncé
nous avons annoncé
vous avez   annoncé
ils   ont   annoncé

plus-que-parfait
j'   avais   annoncé
tu   avais   annoncé
il   avait   annoncé
nous avions annoncé
vous aviez   annoncé
ils   avaient annoncé

passé antérieur
j'   eus   annoncé
tu   eus   annoncé
il   eut   annoncé
nous eûmes annoncé
vous eûtes annoncé
ils   eurent annoncé

futur antérieur
j'   aurai   annoncé
tu   auras   annoncé
il   aura   annoncé
nous aurons annoncé
vous aurez   annoncé
ils   auront annoncé

SUBJONCTIF

présent
que j'   annonce
que tu   annonces
qu' il   annonce
que nous annoncions
que vous annonciez
qu' ils   annoncent

passé
que j'   aie   annoncé
que tu   aies   annoncé
qu' il   ait   annoncé
que nous ayons annoncé
que vous ayez   annoncé
qu' ils   aient annoncé

imparfait
que j'   annonçasse
que tu   annonçasses
qu' il   annonçât
que nous annonçassions
que vous annonçassiez
qu' ils   annonçassent

plus-que-parfait
que j'   eusse   annoncé
que tu   eusses   annoncé
qu' il   eût   annoncé
que nous eussions annoncé
que vous eussiez annoncé
qu' ils   eussent annoncé

CONDITIONNEL

présent
j'   annoncerais
tu   annoncerais
il   annoncerait
nous annoncerions
vous annonceriez
ils   annonceraient

passé
j'   aurais   annoncé
tu   aurais   annoncé
il   aurait   annoncé
nous aurions annoncé
vous auriez   annoncé
ils   auraient annoncé

IMPERATIF

annonce
annonçons
annoncez

PARTICIPE

présent   **passé**
annonçant   annoncé(e)

1.º grupo

manger
comer

Verbo regular com particularidades ortográficas: **-g-** → **-ge-** antes de **-a** e **-o**.

INDICATIF

présent
je   mange
tu   manges
il   mange
nous   mangeons
vous   mangez
ils   mangent

imparfait
je   mangeais
tu   mangeais
il   mangeait
nous   mangions
vous   mangiez
ils   mangeaient

passé simple
je   mangeai
tu   mangeas
il   mangea
nous   mangeâmes
vous   mangeâtes
ils   mangèrent

futur simple
je   mangerai
tu   mangeras
il   mangera
nous   mangerons
vous   mangerez
ils   mangeront

passé composé
j'   ai   mangé
tu   as   mangé
il   a   mangé
nous   avons   mangé
vous   avez   mangé
ils   ont   mangé

plus-que-parfait
j'   avais   mangé
tu   avais   mangé
il   avait   mangé
nous   avions mangé
vous   aviez   mangé
ils   avaient mangé

passé antérieur
j'   eus   mangé
tu   eus   mangé
il   eut   mangé
nous   eûmes   mangé
vous   eûtes   mangé
ils   eurent mangé

futur antérieur
j'   aurai   mangé
tu   auras   mangé
il   aura   mangé
nous   aurons mangé
vous   aurez   mangé
ils   auront mangé

SUBJONCTIF

présent
que je   mange
que tu   manges
qu' il   mange
que nous   mangions
que vous   mangiez
qu' ils   mangent

passé
que j'   aie   mangé
que tu   aies   mangé
qu' il   ait   mangé
que nous   ayons   mangé
que vous   ayez   mangé
qu' ils   aient   mangé

imparfait
que je   mangeasse
que tu   mangeasses
qu' il   mangeât
que nous   mangeassions
que vous   mangeassiez
qu' ils   mangeassent

plus-que-parfait
que j'   eusse   mangé
que tu   eusses   mangé
qu' il   eût   mangé
que nous   eussions mangé
que vous   eussiez mangé
qu' ils   eussent mangé

CONDITIONNEL

présent
je   mangerais
tu   mangerais
il   mangerait
nous   mangerions
vous   mangeriez
ils   mangeraient

passé
j'   aurais   mangé
tu   aurais   mangé
il   aurait   mangé
nous   aurions mangé
vous   auriez   mangé
ils   auraient mangé

IMPERATIF

mange
mangeons
mangez

PARTICIPE

présent   **passé**
mangeant   mangé(e)

appeler
chamar

1º grupo

Verbo regular, mas: **-l-** → **-ll-** antes de **-e** mudo.

INDICATIF

présent
j'   appelle
tu   appelles
il   appelle
nous appelons
vous appelez
ils   appellent

imparfait
j'   appelais
tu   appelais
il   appelait
nous appelions
vous appeliez
ils   appelaient

passé simple
j'   appelai
tu   appelas
il   appela
nous appelâmes
vous appelâtes
ils   appelèrent

futur simple
j'   appellerai
tu   appelleras
il   appellera
nous appellerons
vous appellerez
ils   appelleront

passé composé
j'   ai   appelé
tu   as   appelé
il   a   appelé
nous avons   appelé
vous avez   appelé
ils   ont   appelé

plus-que-parfait
j'   avais   appelé
tu   avais   appelé
il   avait   appelé
nous avions appelé
vous aviez   appelé
ils   avaient appelé

passé antérieur
j'   eus   appelé
tu   eus   appelé
il   eut   appelé
nous eûmes   appelé
vous eûtes   appelé
ils   eurent appelé

futur antérieur
j'   aurai   appelé
tu   auras   appelé
il   aura   appelé
nous aurons appelé
vous aurez   appelé
ils   auront appelé

SUBJONCTIF

présent
que j'   appelle
que tu   appelles
qu' il   appelle
que nous appelions
que vous appeliez
qu' ils   appellent

passé
que j'   aie   appelé
que tu   aies   appelé
qu' il   ait   appelé
que nous ayons appelé
que vous ayez   appelé
qu' ils   aient appelé

imparfait
que j'   appelasse
que tu   appelasses
qu' il   appelât
que nous appelassions
que vous appelassiez
qu' ils   appelassent

plus-que-parfait
que j'   eusse   appelé
que tu   eusses   appelé
qu' il   eût   appelé
que nous eussions appelé
que vous eussiez appelé
qu' ils   eussent appelé

CONDITIONNEL

présent
j'   appellerais
tu   appellerais
il   appellerait
nous appellerions
vous appelleriez
ils   appelleraient

passé
j'   aurais   appelé
tu   aurais   appelé
il   aurait   appelé
nous aurions appelé
vous auriez   appelé
ils   auraient appelé

IMPERATIF

appelle
appelons
appelez

PARTICIPE

présent   **passé**
appelant   appelé(e)

jeter
jogar

1º grupo

Verbo regular, mas: **-t-** → **-tt-** antes de **-e** mudo.

INDICATIF

présent
- je jette
- tu jettes
- il jette
- nous jetons
- vous jetez
- ils jettent

imparfait
- je jetais
- tu jetais
- il jetait
- nous jetions
- vous jetiez
- ils jetaient

passé simple
- je jetai
- tu jetas
- il jeta
- nous jetâmes
- vous jetâtes
- ils jetèrent

futur simple
- je jetterai
- tu jetteras
- il jettera
- nous jetterons
- vous jetterez
- ils jetteront

passé composé
- j' ai jeté
- tu as jeté
- il a jeté
- nous avons jeté
- vous avez jeté
- ils ont jeté

plus-que-parfait
- j' avais jeté
- tu avais jeté
- il avait jeté
- nous avions jeté
- vous aviez jeté
- ils avaient jeté

passé antérieur
- j' eus jeté
- tu eus jeté
- il eut jeté
- nous eûmes jeté
- vous eûtes jeté
- ils eurent jeté

futur antérieur
- j' aurai jeté
- tu auras jeté
- il aura jeté
- nous aurons jeté
- vous aurez jeté
- ils auront jeté

SUBJONCTIF

présent
- que je jette
- que tu jettes
- qu' il jette
- que nous jetions
- que vous jetiez
- qu' ils jettent

passé
- que j' aie jeté
- que tu aies jeté
- qu' il ait jeté
- que nous ayons jeté
- que vous ayez jeté
- qu' ils aient jeté

imparfait
- que je jetasse
- que tu jetasses
- qu' il jetât
- que nous jetassions
- que vous jetassiez
- qu' ils jetassent

plus-que-parfait
- que j' eusse jeté
- que tu eusses jeté
- qu' il eût jeté
- que nous eussions jeté
- que vous eussiez jeté
- qu' ils eussent jeté

CONDITIONNEL

présent
- je jetterais
- tu jetterais
- il jetterait
- nous jetterions
- vous jetteriez
- ils jetteraient

passé
- j' aurais jeté
- tu aurais jeté
- il aurait jeté
- nous aurions jeté
- vous auriez jeté
- ils auraient jeté

IMPERATIF

- jette
- jetons
- jetez

PARTICIPE

présent **passé**
jetant   jeté(e)

geler
gelar

Verbo regular, mas: **-e-** → **-è-** antes de terminação com **-e** mudo.

INDICATIF

présent
je gèle
tu gèles
il gèle
nous gelons
vous gelez
ils gèlent

imparfait
je gelais
tu gelais
il gelait
nous gelions
vous geliez
ils gelaient

passé simple
je gelai
tu gelas
il gela
nous gelâmes
vous gelâtes
ils gelèrent

futur simple
je gèlerai
tu gèleras
il gèlera
nous gèlerons
vous gèlerez
ils gèleront

passé composé
j' ai gelé
tu as gelé
il a gelé
nous avons gelé
vous avez gelé
ils ont gelé

plus-que-parfait
j' avais gelé
tu avais gelé
il avait gelé
nous avions gelé
vous aviez gelé
ils avaient gelé

passé antérieur
j' eus gelé
tu eus gelé
il eut gelé
nous eûmes gelé
vous eûtes gelé
ils eurent gelé

futur antérieur
j' aurai gelé
tu auras gelé
il aura gelé
nous aurons gelé
vous aurez gelé
ils auront gelé

SUBJONCTIF

présent
que je gèle
que tu gèles
qu' il gèle
que nous gelions
que vous geliez
qu' ils gèlent

passé
que j' aie gelé
que tu aies gelé
qu' il ait gelé
que nous ayons gelé
que vous ayez gelé
qu' ils aient gelé

imparfait
que je gelasse
que tu gelasses
qu' il gelât
que nous gelassions
que vous gelassiez
qu' ils gelassent

plus-que-parfait
que j' eusse gelé
que tu eusses gelé
qu' il eût gelé
que nous eussions gelé
que vous eussiez gelé
qu' ils eussent gelé

CONDITIONNEL

présent
je gèlerais
tu gèlerais
il gèlerait
nous gèlerions
vous gèleriez
ils gèleraient

passé
j' aurais gelé
tu aurais gelé
il aurait gelé
nous aurions gelé
vous auriez gelé
ils auraient gelé

IMPERATIF

gèle
gelons
gelez

PARTICIPE

présent   **passé**
gelant   gelé(e)

11 — 1º grupo

acheter
comprar

Verbo regular, mas: **-e-** → **-è-** antes de terminação com **-e** mudo.

INDICATIF

présent
j'   achète
tu   achètes
il   achète
nous   achetons
vous   achetez
ils   achètent

imparfait
j'   achetais
tu   achetais
il   achetait
nous   achetions
vous   achetiez
ils   achetaient

passé simple
j'   achetai
tu   achetas
il   acheta
nous   achetâmes
vous   achetâtes
ils   achetèrent

futur simple
j'   achèterai
tu   achèteras
il   achètera
nous   achèterons
vous   achèterez
ils   achèteront

passé composé
j'   ai   acheté
tu   as   acheté
il   a   acheté
nous   avons   acheté
vous   avez   acheté
ils   ont   acheté

plus-que-parfait
j'   avais   acheté
tu   avais   acheté
il   avait   acheté
nous   avions   acheté
vous   aviez   acheté
ils   avaient acheté

passé antérieur
j'   eus   acheté
tu   eus   acheté
il   eut   acheté
nous   eûmes   acheté
vous   eûtes   acheté
ils   eurent   acheté

futur antérieur
j'   aurai   acheté
tu   auras   acheté
il   aura   acheté
nous   aurons   acheté
vous   aurez   acheté
ils   auront   acheté

SUBJONCTIF

présent
que j'   achète
que tu   achètes
qu' il   achète
que nous   achetions
que vous   achetiez
qu' ils   achètent

passé
que j'   aie   acheté
que tu   aies   acheté
qu' il   ait   acheté
que nous   ayons   acheté
que vous   ayez   acheté
qu' ils   aient   acheté

imparfait
que j'   achetasse
que tu   achetasses
qu' il   achetât
que nous   achetassions
que vous   achetassiez
qu' ils   achetassent

plus-que-parfait
que j'   eusse   acheté
que tu   eusses   acheté
qu' il   eût   acheté
que nous   eussions acheté
que vous   eussiez acheté
qu' ils   eussent acheté

CONDITIONNEL

présent
j'   achèterais
tu   achèterais
il   achèterait
nous   achèterions
vous   achèteriez
ils   achèteraient

passé
j'   aurais   acheté
tu   aurais   acheté
il   aurait   acheté
nous   aurions acheté
vous   auriez   acheté
ils   auraient acheté

IMPERATIF

achète
achetons
achetez

PARTICIPE

présent   **passé**
achetant   acheté(e)

espérer

1º grupo

ter esperança

Verbo regular, mas: **-é-** → **-è-** antes de terminação de uma sílaba com **-e** mudo.

INDICATIF

présent
j' espère
tu espères
il espère
nous espérons
vous espérez
ils espèrent

imparfait
j' espérais
tu espérais
il espérait
nous espérions
vous espériez
ils espéraient

passé simple
j' espérai
tu espéras
il espéra
nous espérâmes
vous espérâtes
ils espérèrent

futur simple
j' espérerai
tu espéreras
il espérera
nous espérerons
vous espérerez
ils espéreront

passé composé
j' ai espéré
tu as espéré
il a espéré
nous avons espéré
vous avez espéré
ils ont espéré

plus-que-parfait
j' avais espéré
tu avais espéré
il avait espéré
nous avions espéré
vous aviez espéré
ils avaient espéré

passé antérieur
j' eus espéré
tu eus espéré
il eut espéré
nous eûmes espéré
vous eûtes espéré
ils eurent espéré

futur antérieur
j' aurai espéré
tu auras espéré
il aura espéré
nous aurons espéré
vous aurez espéré
ils auront espéré

SUBJONCTIF

présent
que j' espère
que tu espères
qu' il espère
que nous espérions
que vous espériez
qu' ils espèrent

passé
que j' aie espéré
que tu aies espéré
qu' il ait espéré
que nous ayons espéré
que vous ayez espéré
qu' ils aient espéré

imparfait
que j' espérasse
que tu espérasses
qu' il espérât
que nous espérassions
que vous espérassiez
qu' ils espérassent

plus-que-parfait
que j' eusse espéré
que tu eusses espéré
qu' il eût espéré
que nous eussions espéré
que vous eussiez espéré
qu' ils eussent espéré

CONDITIONNEL

présent
j' espérerais
tu espérerais
il espérerait
nous espérerions
vous espéreriez
ils espéreraient

passé
j' aurais espéré
tu aurais espéré
il aurait espéré
nous aurions espéré
vous auriez espéré
ils auraient espéré

IMPERATIF

espère
espérons
espérez

PARTICIPE

présent   **passé**
espérant   espéré(e)

payer
pagar

1º grupo

Verbo regular com particularidades ortográficas: **-y-** → **-i-** antes de **-e** mudo.
O **-y-** no entanto pode ser mantido em todas as formas.

INDICATIF

présent
je   paie / paye
tu   paies / payes
il   paie / paye
nous   payons
vous   payez
ils   paient / payent

imparfait
je   payais
tu   payais
il   payait
nous   payions
vous   payiez
ils   payaient

passé simple
je   payai
tu   payas
il   paya
nous   payâmes
vous   payâtes
ils   payèrent

futur simple
je   paierai / payerai
tu   paieras / payeras
il   paiera / payera
nous   paierons / payerons
vous   paierez / payerez
ils   paieront / payeront

passé composé
j'   ai   payé
tu   as   payé
il   a   payé
nous   avons   payé
vous   avez   payé
ils   ont   payé

plus-que-parfait
j'   avais   payé
tu   avais   payé
il   avait   payé
nous   avions   payé
vous   aviez   payé
ils   avaient   payé

passé antérieur
j'   eus   payé
tu   eus   payé
il   eut   payé
nous   eûmes   payé
vous   eûtes   payé
ils   eurent   payé

futur antérieur
j'   aurai   payé
tu   auras   payé
il   aura   payé
nous   aurons   payé
vous   aurez   payé
ils   auront   payé

SUBJONCTIF

présent
que je   paie / paye
que tu   paies / payes
qu' il   paie / paye
que nous   payions
que vous   payiez
qu' ils   paient / payent

passé
que j'   aie   payé
que tu   aies   payé
qu' il   ait   payé
que nous   ayons   payé
que vous   ayez   payé
qu' ils   aient   payé

imparfait
que je   payasse
que tu   payasses
qu' il   payât
que nous   payassions
que vous   payassiez
qu' ils   payassent

plus-que-parfait
que j'   eusse   payé
que tu   eusses   payé
qu' il   eût   payé
que nous   eussions payé
que vous   eussiez   payé
qu' ils   eussent   payé

CONDITIONNEL

présent
je   paierais / payerais
tu   paierais / payerais
il   paierait / payerait
nous   paierions / payerions
vous   paieriez / payeriez
ils   paieraient / payeraient

passé
j'   aurais   payé
tu   aurais   payé
il   aurait   payé
nous   aurions   payé
vous   auriez   payé
ils   auraient payé

IMPERATIF

paie / paye
payons
payez

PARTICIPE

présent   **passé**
payant   payé(e)

appuyer
apoiar, apertar

1º grupo

Verbo regular com particularidades ortográficas: **-y-** → **-i-** antes de **-e** mudo.

INDICATIF

présent
j' appuie
tu appuies
il appuie
nous appuyons
vous appuyez
ils appuient

imparfait
j' appuyais
tu appuyais
il appuyait
nous appuyions
vous appuyiez
ils appuyaient

passé simple
j' appuyai
tu appuyas
il appuya
nous appuyâmes
vous appuyâtes
ils appuyèrent

futur simple
j' appuierai
tu appuieras
il appuiera
nous appuierons
vous appuierez
ils appuieront

passé composé
j' ai appuyé
tu as appuyé
il a appuyé
nous avons appuyé
vous avez appuyé
ils ont appuyé

plus-que-parfait
j' avais appuyé
tu avais appuyé
il avait appuyé
nous avions appuyé
vous aviez appuyé
ils avaient appuyé

passé antérieur
j' eus appuyé
tu eus appuyé
il eut appuyé
nous eûmes appuyé
vous eûtes appuyé
ils eurent appuyé

futur antérieur
j' aurai appuyé
tu auras appuyé
il aura appuyé
nous aurons appuyé
vous aurez appuyé
ils auront appuyé

SUBJONCTIF

présent
que j' appuie
que tu appuies
qu' il appuie
que nous appuyions
que vous appuyiez
qu' ils appuient

passé
que j' aie appuyé
que tu aies appuyé
qu' il ait appuyé
que nous ayons appuyé
que vous ayez appuyé
qu' ils aient appuyé

imparfait
que j' appuyasse
que tu appuyasses
qu' il appuyât
que nous appuyassions
que vous appuyassiez
qu' ils appuyassent

plus-que-parfait
que j' eusse appuyé
que tu eusses appuyé
qu' il eût appuyé
que nous eussions appuyé
que vous eussiez appuyé
qu' ils eussent appuyé

CONDITIONNEL

présent
j' appuierais
tu appuierais
il appuierait
nous appuierions
vous appuieriez
ils appuieraient

passé
j' aurais appuyé
tu aurais appuyé
il aurait appuyé
nous aurions appuyé
vous auriez appuyé
ils auraient appuyé

IMPERATIF

appuie
appuyons
appuyez

PARTICIPE

présent   **passé**
appuyant   appuyé(e)

envoyer
enviar

1º grupo

Conforme conjugação nº 14, com *futur simple* e *conditionnel présent* divergentes.

INDICATIF

présent
j'   envoie
tu   envoies
il   envoie
nous envoyons
vous envoyez
ils   envoient

imparfait
j'   envoyais
tu   envoyais
il   envoyait
nous envoyions
vous envoyiez
ils   envoyaient

passé simple
j'   envoyai
tu   envoyas
il   envoya
nous envoyâmes
vous envoyâtes
ils   envoyèrent

futur simple
j'   enverrai
tu   enverras
il   enverra
nous enverrons
vous enverrez
ils   enverront

passé composé
j'   ai   envoyé
tu   as   envoyé
il   a   envoyé
nous avons   envoyé
vous avez   envoyé
ils   ont   envoyé

plus-que-parfait
j'   avais   envoyé
tu   avais   envoyé
il   avait   envoyé
nous avions envoyé
vous aviez   envoyé
ils   avaient envoyé

passé antérieur
j'   eus   envoyé
tu   eus   envoyé
il   eut   envoyé
nous eûmes   envoyé
vous eûtes   envoyé
ils   eurent envoyé

futur antérieur
j'   aurai   envoyé
tu   auras   envoyé
il   aura   envoyé
nous aurons envoyé
vous aurez   envoyé
ils   auront envoyé

SUBJONCTIF

présent
que j'   envoie
que tu   envoies
qu' il   envoie
que nous envoyions
que vous envoyiez
qu' ils   envoient

passé
que j'   aie   envoyé
que tu   aies   envoyé
qu' il   ait   envoyé
que nous ayons envoyé
que vous ayez   envoyé
qu' ils   aient envoyé

imparfait
que j'   envoyasse
que tu   envoyasses
qu' il   envoyât
que nous envoyassions
que vous envoyassiez
qu' ils   envoyassent

plus-que-parfait
que j'   eusse   envoyé
que tu   eusses   envoyé
qu' il   eût   envoyé
que nous eussions envoyé
que vous eussiez   envoyé
qu' ils   eussent   envoyé

CONDITIONNEL

présent
j'   enverrais
tu   enverrais
il   enverrait
nous enverrions
vous enverriez
ils   enverraient

passé
j'   aurais   envoyé
tu   aurais   envoyé
il   aurait   envoyé
nous aurions envoyé
vous auriez   envoyé
ils   auraient envoyé

IMPERATIF

envoie
envoyons
envoyez

PARTICIPE

présent   **passé**
envoyant   envoyé(e)

finir
acabar

2º grupo

Verbo regular. A este grupo pertencem cerca de 300 verbos franceses.

INDICATIF

présent
- je finis
- tu finis
- il finit
- nous finissons
- vous finissez
- ils finissent

imparfait
- je finissais
- tu finissais
- il finissait
- nous finissions
- vous finissiez
- ils finissaient

passé simple
- je finis
- tu finis
- il finit
- nous finîmes
- vous finîtes
- ils finirent

futur simple
- je finirai
- tu finiras
- il finira
- nous finirons
- vous finirez
- ils finiront

passé composé
- j' ai fini
- tu as fini
- il a fini
- nous avons fini
- vous avez fini
- ils ont fini

plus-que-parfait
- j' avais fini
- tu avais fini
- il avait fini
- nous avions fini
- vous aviez fini
- ils avaient fini

passé antérieur
- j' eus fini
- tu eus fini
- il eut fini
- nous eûmes fini
- vous eûtes fini
- ils eurent fini

futur antérieur
- j' aurai fini
- tu auras fini
- il aura fini
- nous aurons fini
- vous aurez fini
- ils auront fini

SUBJONCTIF

présent
- que je finisse
- que tu finisses
- qu' il finisse
- que nous finissions
- que vous finissiez
- qu' ils finissent

passé
- que j' aie fini
- que tu aies fini
- qu' il ait fini
- que nous ayons fini
- que vous ayez fini
- qu' ils aient fini

imparfait
- que je finisse
- que tu finisses
- qu' il finît
- que nous finissions
- que vous finissiez
- qu' ils finissent

plus-que-parfait
- que j' eusse fini
- que tu eusses fini
- qu' il eût fini
- que nous eussions fini
- que vous eussiez fini
- qu' ils eussent fini

CONDITIONNEL

présent
- je finirais
- tu finirais
- il finirait
- nous finirions
- vous finiriez
- ils finiraient

passé
- j' aurais fini
- tu aurais fini
- il aurait fini
- nous aurions fini
- vous auriez fini
- ils auraient fini

IMPERATIF

- finis
- finissons
- finissez

PARTICIPE

présent **passé**
finissant   fini(e)

3.º grupo

absoudre
absolver

O **-d-** só se mantém no *futur simple* e no *conditionnel*.

INDICATIF

présent
j'   absous
tu   absous
il   absout
nous   absolvons
vous   absolvez
ils   absolvent

imparfait
j'   absolvais
tu   absolvais
il   absolvait
nous   absolvions
vous   absolviez
ils   absolvaient

passé simple
j'   absolus
tu   absolus
il   absolut
nous   absolûmes
vous   absolûtes
ils   absolurent

futur simple
j'   absoudrai
tu   absoudras
il   absoudra
nous   absoudrons
vous   absoudrez
ils   absoudront

passé composé
j'   ai   absous
tu   as   absous
il   a   absous
nous   avons   absous
vous   avez   absous
ils   ont   absous

plus-que-parfait
j'   avais   absous
tu   avais   absous
il   avait   absous
nous   avions   absous
vous   aviez   absous
ils   avaient absous

passé antérieur
j'   eus   absous
tu   eus   absous
il   eut   absous
nous   eûmes   absous
vous   eûtes   absous
ils   eurent absous

futur antérieur
j'   aurai   absous
tu   auras   absous
il   aura   absous
nous   aurons   absous
vous   aurez   absous
ils   auront   absous

SUBJONCTIF

présent
que j'   absolve
que tu   absolves
qu' il   absolve
que nous   absolvions
que vous   absolviez
qu' ils   absolvent

passé
que j'   aie   absous
que tu   aies   absous
qu' il   ait   absous
que nous   ayons absous
que vous   ayez   absous
qu' ils   aient absous

imparfait
que j'   absolusse
que tu   absolusses
qu' il   absolût
que nous   absolussions
que vous   absolussiez
qu' ils   absolussent

plus-que-parfait
que j'   eusse   absous
que tu   eusses   absous
qu' il   eût   absous
que nous   eussions absous
que vous   eussiez   absous
qu' ils   eussent   absous

CONDITIONNEL

présent
j'   absoudrais
tu   absoudrais
il   absoudrait
nous   absoudrions
vous   absoudriez
ils   absoudraient

passé
j'   aurais   absous
tu   aurais   absous
il   aurait   absous
nous   aurions   absous
vous   auriez   absous
ils   auraient absous

IMPERATIF

absous
absolvons
absolvez

PARTICIPE

présent   **passé**
absolvant   absous (absoute)

accroître
aumentar

3º grupo

Conjugado como *croître* (nº 33), com diferença quanto ao emprego do acento circunflexo (î, û).

INDICATIF

présent
j'   accrois
tu   accrois
il   accroît
nous accroissons
vous accroissez
ils   accroissent

imparfait
j'   accroissais
tu   accroissais
il   accroissait
nous accroissions
vous accroissiez
ils   accroissaient

passé simple
j'   accrus
tu   accrus
il   accrut
nous accrûmes
vous accrûtes
ils   accrurent

futur simple
j'   accroîtrai
tu   accroîtras
il   accroîtra
nous accroîtrons
vous accroîtrez
ils   accroîtront

passé composé
j'   ai   accru
tu   as   accru
il   a   accru
nous avons accru
vous avez   accru
ils   ont   accru

plus-que-parfait
j'   avais   accru
tu   avais   accru
il   avait   accru
nous avions   accru
vous aviez   accru
ils   avaient accru

passé antérieur
j'   eus   accru
tu   eus   accru
il   eut   accru
nous eûmes accru
vous eûtes accru
ils   eurent accru

futur antérieur
j'   aurai   accru
tu   auras   accru
il   aura   accru
nous aurons accru
vous aurez   accru
ils   auront accru

SUBJONCTIF

présent
que j'   accroisse
que tu   accroisses
qu' il   accroisse
que nous accroissions
que vous accroissiez
qu' ils   accroissent

passé
que j'   aie   accru
que tu   aies   accru
qu' il   ait   accru
que nous ayons accru
que vous ayez   accru
qu' ils   aient   accru

imparfait
que j'   accrusse
que tu   accrusses
qu' il   accrût
que nous accrussions
que vous accrussiez
qu' ils   accrussent

plus-que-parfait
que j'   eusse   accru
que tu   eusses   accru
qu' il   eût   accru
que nous eussions accru
que vous eussiez accru
qu' ils   eussent accru

CONDITIONNEL

présent
j'   accroîtrais
tu   accroîtrais
il   accroîtrait
nous accroîtrions
vous accroîtriez
ils   accroîtraient

passé
j'   aurais   accru
tu   aurais   accru
il   aurait   accru
nous aurions accru
vous auriez   accru
ils   auraient accru

IMPERATIF

accrois
accroissons
accroissez

PARTICIPE

présent   **passé**
accroissant   accru(e)

acquérir
adquirir

INDICATIF

présent
j' acquiers
tu acquiers
il acquiert
nous acquérons
vous acquérez
ils acquièrent

imparfait
j' acquérais
tu acquérais
il acquérait
nous acquérions
vous acquériez
ils acquéraient

passé simple
j' acquis
tu acquis
il acquit
nous acquîmes
vous acquîtes
ils acquirent

futur simple
j' acquerrai
tu acquerras
il acquerra
nous acquerrons
vous acquerrez
ils acquerront

passé composé
j' ai acquis
tu as acquis
il a acquis
nous avons acquis
vous avez acquis
ils ont acquis

plus-que-parfait
j' avais acquis
tu avais acquis
il avait acquis
nous avions acquis
vous aviez acquis
ils avaient acquis

passé antérieur
j' eus acquis
tu eus acquis
il eut acquis
nous eûmes acquis
vous eûtes acquis
ils eurent acquis

futur antérieur
j' aurai acquis
tu auras acquis
il aura acquis
nous aurons acquis
vous aurez acquis
ils auront acquis

SUBJONCTIF

présent
que j' acquière
que tu acquières
qu' il acquière
que nous acquérions
que vous acquériez
qu' ils acquièrent

passé
que j' aie acquis
que tu aies acquis
qu' il ait acquis
que nous ayons acquis
que vous ayez acquis
qu' ils aient acquis

imparfait
que j' acquisse
que tu acquisses
qu' il acquît
que nous acquissions
que vous acquissiez
qu' ils acquissent

plus-que-parfait
que j' eusse acquis
que tu eusses acquis
qu' il eût acquis
que nous eussions acquis
que vous eussiez acquis
qu' ils eussent acquis

CONDITIONNEL

présent
j' acquerrais
tu acquerrais
il acquerrait
nous acquerrions
vous acquerriez
ils acquerraient

passé
j' aurais acquis
tu aurais acquis
il aurait acquis
nous aurions acquis
vous auriez acquis
ils auraient acquis

IMPERATIF

acquiers
acquérons
acquérez

PARTICIPE

présent **passé**
acquérant acquis(e)

aller
ir

1º grupo

INDICATIF

présent
- je vais
- tu vas
- il va
- nous allons
- vous allez
- ils vont

imparfait
- j' allais
- tu allais
- il allait
- nous allions
- vous alliez
- ils allaient

passé simple
- j' allai
- tu allas
- il alla
- nous allâmes
- vous allâtes
- ils allèrent

futur simple
- j' irai
- tu iras
- il ira
- nous irons
- vous irez
- ils iront

passé composé
- je suis allé
- tu es allé
- il est allé
- nous sommes allés
- vous êtes allés
- ils sont allés

plus-que-parfait
- j' étais allé
- tu étais allé
- il était allé
- nous étions allés
- vous étiez allés
- ils étaient allés

passé antérieur
- je fus allé
- tu fus allé
- il fut allé
- nous fûmes allés
- vous fûtes allés
- ils furent allés

futur antérieur
- je serai allé
- tu seras allé
- il sera allé
- nous serons allés
- vous serez allés
- ils seront allés

CONDITIONNEL

présent
- j' irais
- tu irais
- il irait
- nous irions
- vous iriez
- ils iraient

passé
- je serais allé
- tu serais allé
- il serait allé
- nous serions allés
- vous seriez allés
- ils seraient allés

SUBJONCTIF

présent
- que j' aille
- que tu ailles
- qu' il aille
- que nous allions
- que vous alliez
- qu' ils aillent

passé
- que je sois allé
- que tu sois allé
- qu' il soit allé
- que nous soyons allés
- que vous soyez allés
- qu' ils soient allés

imparfait
- que j' allasse
- que tu allasses
- qu' il allât
- que nous allassions
- que vous allassiez
- qu' ils allassent

plus-que-parfait
- que je fusse allé
- que tu fusses allé
- qu' il fût allé
- que nous fussions allés
- que vous fussiez allés
- qu' ils fussent allés

IMPERATIF

va, *mas:* vas-y
allons
allez

PARTICIPE

présent   **passé**
allant   allé(e)

21

3.º grupo

assaillir
assediar

As terminações do *indicatif* e do *subjonctif présent* assim como do *impératif* seguem as dos verbos em **-er**.

INDICATIF

présent
j'   assaille
tu   assailles
il   assaille
nous assaillons
vous assaillez
ils   assaillent

imparfait
j'   assaillais
tu   assaillais
il   assaillait
nous assaillions
vous assailliez
ils   assaillaient

passé simple
j'   assaillis
tu   assaillis
il   assaillit
nous assaillîmes
vous assaillîtes
ils   assaillirent

futur simple
j'   assaillirai
tu   assailliras
il   assaillira
nous assaillirons
vous assaillirez
ils   assailliront

passé composé
j'   ai   assailli
tu   as   assailli
il   a   assailli
nous avons assailli
vous avez   assailli
ils   ont   assailli

plus-que-parfait
j'   avais   assailli
tu   avais   assailli
il   avait   assailli
nous avions assailli
vous aviez   assailli
ils   avaient assailli

passé antérieur
j'   eus   assailli
tu   eus   assailli
il   eut   assailli
nous eûmes assailli
vous eûtes assailli
ils   eurent assailli

futur antérieur
j'   aurai   assailli
tu   auras   assailli
il   aura   assailli
nous aurons assailli
vous aurez   assailli
ils   auront assailli

SUBJONCTIF

présent
que j'   assaille
que tu   assailles
qu' il   assaille
que nous assaillions
que vous assailliez
qu' ils   assaillent

passé
que j'   aie   assailli
que tu   aies   assailli
qu' il   ait   assailli
que nous ayons assailli
que vous ayez   assailli
qu' ils   aient assailli

imparfait
que j'   assaillisse
que tu   assaillisses
qu' il   assaillît
que nous assaillissons
que vous assaillissez
qu' ils   assaillissent

plus-que-parfait
que j'   eusse   assailli
que tu   eusses assailli
qu' il   eût   assailli
que nous eussions assailli
que vous eussiez assailli
qu' ils   eussent assailli

CONDITIONNEL

présent
j'   assaillirais
tu   assaillirais
il   assaillirait
nous assaillirions
vous assailliriez
ils   assailliraient

passé
j'   aurais   assailli
tu   aurais   assailli
il   aurait   assailli
nous aurions assailli
vous auriez assailli
ils   auraient assailli

IMPERATIF

assaille
assaillons
assaillez

PARTICIPE

présent   **passé**
assaillant   assailli(e)

asseoir (1)
sentar

3º grupo

Verbo com dois modelos de conjugação: 1º formas com **-ie-** ou **-ye-**

INDICATIF

présent
j'   assieds
tu   assieds
il   assied
nous asseyons
vous asseyez
ils   asseyent

imparfait
j'   asseyais
tu   asseyais
il   asseyait
nous asseyions
vous asseyiez
ils   asseyaient

passé simple
j'   assis
tu   assis
il   assit
nous assîmes
vous assîtes
ils   assirent

futur simple
j'   assiérai
tu   assiéras
il   assiéra
nous assiérons
vous assiérez
ils   assiéront

passé composé
j'   ai   assis
tu   as   assis
il   a   assis
nous avons assis
vous avez   assis
ils   ont   assis

plus-que-parfait
j'   avais   assis
tu   avais   assis
il   avait   assis
nous avions assis
vous aviez   assis
ils   avaient assis

passé antérieur
j'   eus   assis
tu   eus   assis
il   eut   assis
nous eûmes assis
vous eûtes assis
ils   eurent assis

futur antérieur
j'   aurai   assis
tu   auras   assis
il   aura   assis
nous aurons assis
vous aurez   assis
ils   auront assis

SUBJONCTIF

présent
que j'   asseye
que tu   asseyes
qu' il   asseye
que nous asseyions
que vous asseyiez
qu' ils   asseyent

passé
que j'   aie   assis
que tu   aies assis
qu' il   ait   assis
que nous ayons assis
que vous ayez assis
qu' ils   aient assis

imparfait
que j'   assisse
que tu   assisses
qu' il   assît
que nous assissions
que vous assissiez
qu' ils   assissent

plus-que-parfait
que j'   eusse   assis
que tu   eusses   assis
qu' il   eût   assis
que nous eussions assis
que vous eussiez assis
qu' ils   eussent assis

CONDITIONNEL

présent
j'   assiérais
tu   assiérais
il   assiérait
nous assiérions
vous assiériez
ils   assiéraient

passé
j'   aurais   assis
tu   aurais   assis
il   aurait   assis
nous aurions assis
vous auriez   assis
ils   auraient assis

IMPERATIF

assieds
asseyons
asseyez

PARTICIPE

présent   **passé**
asseyant   assis(e)

asseoir (2)
sentar

2º modelo de conjugação: formas com **-oi-** ou **-oy-**

INDICATIF

présent
j'	assois
tu	assois
il	assoit
nous	assoyons
vous	assoyez
ils	assoient

imparfait
j'	assoyais
tu	assoyais
il	assoyait
nous	assoyions
vous	assoyiez
ils	assoyaient

passé simple
j'	assis
tu	assis
il	assit
nous	assîmes
vous	assîtes
ils	assirent

futur simple
j'	assoirai
tu	assoiras
il	assoira
nous	assoirons
vous	assoirez
ils	assoiront

passé composé
j'	ai	assis
tu	as	assis
il	a	assis
nous	avons	assis
vous	avez	assis
ils	ont	assis

plus-que-parfait
j'	avais	assis
tu	avais	assis
il	avait	assis
nous	avions	assis
vous	aviez	assis
ils	avaient	assis

passé antérieur
j'	eus	assis
tu	eus	assis
il	eut	assis
nous	eûmes	assis
vous	eûtes	assis
ils	eurent	assis

futur antérieur
j'	aurai	assis
tu	auras	assis
il	aura	assis
nous	aurons	assis
vous	aurez	assis
ils	auront	assis

SUBJONCTIF

présent
que	j'	assoie
que	tu	assoies
qu'	il	assoie
que	nous	assoyions
que	vous	assoyiez
qu'	ils	assoient

passé
que	j'	aie	assis
que	tu	aies	assis
qu'	il	ait	assis
que	nous	ayons	assis
que	vous	ayez	assis
qu'	ils	aient	assis

imparfait
que	j'	assisse
que	tu	assisses
qu'	il	assît
que	nous	assissions
que	vous	assissiez
qu'	ils	assissent

plus-que-parfait
que	j'	eusse	assis
que	tu	eusses	assis
qu'	il	eût	assis
que	nous	eussions	assis
que	vous	eussiez	assis
qu'	ils	eussent	assis

CONDITIONNEL

présent
j'	assoirais
tu	assoirais
il	assoirait
nous	assoirions
vous	assoiriez
ils	assoiraient

passé
j'	aurais	assis
tu	aurais	assis
il	aurait	assis
nous	aurions	assis
vous	auriez	assis
ils	auraient	assis

IMPERATIF

assois
assoyons
assoyez

PARTICIPE

présent	**passé**
assoyant	assis(e)

battre
bater

3º grupo

As formas do singular *indicatif présent* e do *impératif* têm apenas um **-t-**, todas as outras formas têm **-tt-**.

INDICATIF

présent
je bats
tu bats
il bat
nous battons
vous battez
ils battent

imparfait
je battais
tu battais
il battait
nous battions
vous battiez
ils battaient

passé simple
je battis
tu battis
il battit
nous battîmes
vous battîtes
ils battirent

futur simple
je battrai
tu battras
il battra
nous battrons
vous battrez
ils battront

passé composé
j' ai battu
tu as battu
il a battu
nous avons battu
vous avez battu
ils ont battu

plus-que-parfait
j' avais battu
tu avais battu
il avait battu
nous avions battu
vous aviez battu
ils avaient battu

passé antérieur
j' eus battu
tu eus battu
il eut battu
nous eûmes battu
vous eûtes battu
ils eurent battu

futur antérieur
j' aurai battu
tu auras battu
il aura battu
nous aurons battu
vous aurez battu
ils auront battu

SUBJONCTIF

présent
que je batte
que tu battes
qu' il batte
que nous battions
que vous battiez
qu' ils battent

passé
que j' aie battu
que tu aies battu
qu' il ait battu
que nous ayons battu
que vous ayez battu
qu' ils aient battu

imparfait
que je battisse
que tu battisses
qu' il battît
que nous battissions
que vous battissiez
qu' ils battissent

plus-que-parfait
que j' eusse battu
que tu eusses battu
qu' il eût battu
que nous eussions battu
que vous eussiez battu
qu' ils eussent battu

CONDITIONNEL

présent
je battrais
tu battrais
il battrait
nous battrions
vous battriez
ils battraient

passé
j' aurais battu
tu aurais battu
il aurait battu
nous aurions battu
vous auriez battu
ils auraient battu

IMPERATIF

bats
battons
battez

PARTICIPE

présent   **passé**
battant   battu(e)

boire
beber

3º grupo

INDICATIF

présent
- je bois
- tu bois
- il boit
- nous buvons
- vous buvez
- ils boivent

imparfait
- je buvais
- tu buvais
- il buvait
- nous buvions
- vous buviez
- ils buvaient

passé simple
- je bus
- tu bus
- il but
- nous bûmes
- vous bûtes
- ils burent

futur simple
- je boirai
- tu boiras
- il boira
- nous boirons
- vous boirez
- ils boiront

passé composé
- j' ai bu
- tu as bu
- il a bu
- nous avons bu
- vous avez bu
- ils ont bu

plus-que-parfait
- j' avais bu
- tu avais bu
- il avait bu
- nous avions bu
- vous aviez bu
- ils avaient bu

passé antérieur
- j' eus bu
- tu eus bu
- il eut bu
- nous eûmes bu
- vous eûtes bu
- ils eurent bu

futur antérieur
- j' aurai bu
- tu auras bu
- il aura bu
- nous aurons bu
- vous aurez bu
- ils auront bu

SUBJONCTIF

présent
- que je boive
- que tu boives
- qu' il boive
- que nous buvions
- que vous buviez
- qu' ils boivent

passé
- que j' aie bu
- que tu aies bu
- qu' il ait bu
- que nous ayons bu
- que vous ayez bu
- qu' ils aient bu

imparfait
- que je busse
- que tu busses
- qu' il bût
- que nous bussions
- que vous bussiez
- qu' ils bussent

plus-que-parfait
- que j' eusse bu
- que tu eusses bu
- qu' il eût bu
- que nous eussions bu
- que vous eussiez bu
- qu' ils eussent bu

CONDITIONNEL

présent
- je boirais
- tu boirais
- il boirait
- nous boirions
- vous boiriez
- ils boiraient

passé
- j' aurais bu
- tu aurais bu
- il aurait bu
- nous aurions bu
- vous auriez bu
- ils auraient bu

IMPERATIF

- bois
- buvons
- buvez

PARTICIPE

présent — buvant

passé — bu(e)

bouillir
ferver

3.º grupo

INDICATIF

présent
je	bous
tu	bous
il	bout
nous	bouillons
vous	bouillez
ils	bouillent

passé composé
j'	ai	bouilli
tu	as	bouilli
il	a	bouilli
nous	avons	bouilli
vous	avez	bouilli
ils	ont	bouilli

imparfait
je	bouillais
tu	bouillais
il	bouillait
nous	bouillions
vous	bouilliez
ils	bouillaient

plus-que-parfait
j'	avais	bouilli
tu	avais	bouilli
il	avait	bouilli
nous	avions	bouilli
vous	aviez	bouilli
ils	avaient	bouilli

passé simple
je	bouillis
tu	bouillis
il	bouillit
nous	bouillîmes
vous	bouillîtes
ils	bouillirent

passé antérieur
j'	eus	bouilli
tu	eus	bouilli
il	eut	bouilli
nous	eûmes	bouilli
vous	eûtes	bouilli
ils	eurent	bouilli

futur simple
je	bouillirai
tu	bouilliras
il	bouillira
nous	bouillirons
vous	bouillirez
ils	bouilliront

futur antérieur
j'	aurai	bouilli
tu	auras	bouilli
il	aura	bouilli
nous	aurons	bouilli
vous	aurez	bouilli
ils	auront	bouilli

CONDITIONNEL

présent
je	bouillirais
tu	bouillirais
il	bouillirait
nous	bouillirions
vous	bouilliriez
ils	bouilliraient

passé
j'	aurais	bouilli
tu	aurais	bouilli
il	aurait	bouilli
nous	aurions	bouilli
vous	auriez	bouilli
ils	auraient	bouilli

SUBJONCTIF

présent
que	je	bouille
que	tu	bouilles
qu'	il	bouille
que	nous	bouillions
que	vous	bouilliez
qu'	ils	bouillent

passé
que	j'	aie	bouilli
que	tu	aies	bouilli
qu'	il	ait	bouilli
que	nous	ayons	bouilli
que	vous	ayez	bouilli
qu'	ils	aient	bouilli

imparfait
que	je	bouillisse
que	tu	bouillisses
qu'	il	bouillît
que	nous	bouillissions
que	vous	bouillissiez
qu'	ils	bouillissent

plus-que-parfait
que	j'	eusse	bouilli
que	tu	eusses	bouilli
qu'	il	eût	bouilli
que	nous	eussions	bouilli
que	vous	eussiez	bouilli
qu'	ils	eussent	bouilli

IMPERATIF

bous
bouillons
bouillez

PARTICIPE

présent　　**passé**
bouillant　　bouilli(e)

26

3º grupo

conduire
conduzir, dirigir

INDICATIF

présent
- je conduis
- tu conduis
- il conduit
- nous conduisons
- vous conduisez
- ils conduisent

imparfait
- je conduisais
- tu conduisais
- il conduisait
- nous conduisions
- vous conduisiez
- ils conduisaient

passé simple
- je conduisis
- tu conduisis
- il conduisit
- nous conduisîmes
- vous conduisîtes
- ils conduisirent

futur simple
- je conduirai
- tu conduiras
- il conduira
- nous conduirons
- vous conduirez
- ils conduiront

passé composé
- j' ai conduit
- tu as conduit
- il a conduit
- nous avons conduit
- vous avez conduit
- ils ont conduit

plus-que-parfait
- j' avais conduit
- tu avais conduit
- il avait conduit
- nous avions conduit
- vous aviez conduit
- ils avaient conduit

passé antérieur
- j' eus conduit
- tu eus conduit
- il eut conduit
- nous eûmes conduit
- vous eûtes conduit
- ils eurent conduit

futur antérieur
- j' aurai conduit
- tu auras conduit
- il aura conduit
- nous aurons conduit
- vous aurez conduit
- ils auront conduit

SUBJONCTIF

présent
- que je conduise
- que tu conduises
- qu' il conduise
- que nous conduisions
- que vous conduisiez
- qu' ils conduisent

passé
- que j' aie conduit
- que tu aies conduit
- qu' il ait conduit
- que nous ayons conduit
- que vous ayez conduit
- qu' ils aient conduit

imparfait
- que je conduisisse
- que tu conduisisses
- qu' il conduisît
- que nous conduisissions
- que vous conduisissiez
- qu' ils conduisissent

plus-que-parfait
- que j' eusse conduit
- que tu eusses conduit
- qu' il eût conduit
- que nous eussions conduit
- que vous eussiez conduit
- qu' ils eussent conduit

CONDITIONNEL

présent
- je conduirais
- tu conduirais
- il conduirait
- nous conduirions
- vous conduiriez
- ils conduiraient

passé
- j' aurais conduit
- tu aurais conduit
- il aurait conduit
- nous aurions conduit
- vous auriez conduit
- ils auraient conduit

IMPERATIF

- conduis
- conduisons
- conduisez

PARTICIPE

présent   **passé**
conduisant   conduit(e)

connaître
conhecer

3.º grupo

INDICATIF

présent
je connais
tu connais
il connaît
nous connaissons
vous connaissez
ils connaissent

imparfait
je connaissais
tu connaissais
il connaissait
nous connaissions
vous connaissiez
ils connaissaient

passé simple
je connus
tu connus
il connut
nous connûmes
vous connûtes
ils connurent

futur simple
je connaîtrai
tu connaîtras
il connaîtra
nous connaîtrons
vous connaîtrez
ils connaîtront

passé composé
j' ai connu
tu as connu
il a connu
nous avons connu
vous avez connu
ils ont connu

plus-que-parfait
j' avais connu
tu avais connu
il avait connu
nous avions connu
vous aviez connu
ils avaient connu

passé antérieur
j' eus connu
tu eus connu
il eut connu
nous eûmes connu
vous eûtes connu
ils eurent connu

futur antérieur
j' aurai connu
tu auras connu
il aura connu
nous aurons connu
vous aurez connu
ils auront connu

CONDITIONNEL

présent
je connaîtrais
tu connaîtrais
il connaîtrait
nous connaîtrions
vous connaîtriez
ils connaîtraient

passé
j' aurais connu
tu aurais connu
il aurait connu
nous aurions connu
vous auriez connu
ils auraient connu

SUBJONCTIF

présent
que je connaisse
que tu connaisses
qu' il connaisse
que nous connaissions
que vous connaissiez
qu' ils connaissent

passé
que j' aie connu
que tu aies connu
qu' il ait connu
que nous ayons connu
que vous ayez connu
qu' ils aient connu

imparfait
que je connusse
que tu connusses
qu' il connût
que nous connussions
que vous connussiez
qu' ils connussent

plus-que-parfait
que j' eusse connu
que tu eusses connu
qu' il eût connu
que nous eussions connu
que vous eussiez connu
qu' ils eussent connu

IMPERATIF

connais
connaissons
connaissez

PARTICIPE

présent **passé**
connaissant connu(e)

3º grupo

coudre
costurar

INDICATIF

présent
- je couds
- tu couds
- il coud
- nous cousons
- vous cousez
- ils cousent

imparfait
- je cousais
- tu cousais
- il cousait
- nous cousions
- vous cousiez
- ils cousaient

passé simple
- je cousis
- tu cousis
- il cousit
- nous cousîmes
- vous cousîtes
- ils cousirent

futur simple
- je coudrai
- tu coudras
- il coudra
- nous coudrons
- vous coudrez
- ils coudront

passé composé
- j' ai cousu
- tu as cousu
- il a cousu
- nous avons cousu
- vous avez cousu
- ils ont cousu

plus-que-parfait
- j' avais cousu
- tu avais cousu
- il avait cousu
- nous avions cousu
- vous aviez cousu
- ils avaient cousu

passé antérieur
- j' eus cousu
- tu eus cousu
- il eut cousu
- nous eûmes cousu
- vous eûtes cousu
- ils eurent cousu

futur antérieur
- j' aurai cousu
- tu auras cousu
- il aura cousu
- nous aurons cousu
- vous aurez cousu
- ils auront cousu

SUBJONCTIF

présent
- que je couse
- que tu couses
- qu' il couse
- que nous cousions
- que vous cousiez
- qu' ils cousent

passé
- que j' aie cousu
- que tu aies cousu
- qu' il ait cousu
- que nous ayons cousu
- que vous ayez cousu
- qu' ils aient cousu

imparfait
- que je cousisse
- que tu cousisses
- qu' il cousît
- que nous cousissions
- que vous cousissiez
- qu' ils cousissent

plus-que-parfait
- que j' eusse cousu
- que tu eusses cousu
- qu' il eût cousu
- que nous eussions cousu
- que vous eussiez cousu
- qu' ils eussent cousu

CONDITIONNEL

présent
- je coudrais
- tu coudrais
- il coudrait
- nous coudrions
- vous coudriez
- ils coudraient

passé
- j' aurais cousu
- tu aurais cousu
- il aurait cousu
- nous aurions cousu
- vous auriez cousu
- ils auraient cousu

IMPERATIF

- couds
- cousons
- cousez

PARTICIPE

présent — cousant

passé — cousu(e)

courir

correr

3.º grupo

INDICATIF

présent
- je cours
- tu cours
- il court
- nous courons
- vous courez
- ils courent

imparfait
- je courais
- tu courais
- il courait
- nous courions
- vous couriez
- ils couraient

passé simple
- je courus
- tu courus
- il courut
- nous courûmes
- vous courûtes
- ils coururent

futur simple
- je courrai
- tu courras
- il courra
- nous courrons
- vous courrez
- ils courront

passé composé
- j' ai couru
- tu as couru
- il a couru
- nous avons couru
- vous avez couru
- ils ont couru

plus-que-parfait
- j' avais couru
- tu avais couru
- il avait couru
- nous avions couru
- vous aviez couru
- ils avaient couru

passé antérieur
- j' eus couru
- tu eus couru
- il eut couru
- nous eûmes couru
- vous eûtes couru
- ils eurent couru

futur antérieur
- j' aurai couru
- tu auras couru
- il aura couru
- nous aurons couru
- vous aurez couru
- ils auront couru

SUBJONCTIF

présent
- que je coure
- que tu coures
- qu' il coure
- que nous courions
- que vous couriez
- qu' ils courent

passé
- que j' aie couru
- que tu aies couru
- qu' il ait couru
- que nous ayons couru
- que vous ayez couru
- qu' ils aient couru

imparfait
- que je courusse
- que tu courusses
- qu' il courût
- que nous courussions
- que vous courussiez
- qu' ils courussent

plus-que-parfait
- que j' eusse couru
- que tu eusses couru
- qu' il eût couru
- que nous eussions couru
- que vous eussiez couru
- qu' ils eussent couru

CONDITIONNEL

présent
- je courrais
- tu courrais
- il courrait
- nous courrions
- vous courriez
- ils courraient

passé
- j' aurais couru
- tu aurais couru
- il aurait couru
- nous aurions couru
- vous auriez couru
- ils auraient couru

IMPERATIF

- cours
- courons
- courez

PARTICIPE

présent
- courant

passé
- couru(e)

3º grupo

couvrir
cobrir

As desinências do *indicatif* e do *subjonctif présent* e também do *impératif* seguem as dos verbos em **-er**; as do *futur simple* e do *conditionnel présent* as do 2.º grupo.

INDICATIF

présent
je couvre
tu couvres
il couvre
nous couvrons
vous couvrez
ils couvrent

imparfait
je couvrais
tu couvrais
il couvrait
nous couvrions
vous couvriez
ils couvraient

passé simple
je couvris
tu couvris
il couvrit
nous couvrîmes
vous couvrîtes
ils couvrirent

futur simple
je couvrirai
tu couvriras
il couvrira
nous couvrirons
vous couvrirez
ils couvriront

passé composé
j' ai couvert
tu as couvert
il a couvert
nous avons couvert
vous avez couvert
ils ont couvert

plus-que-parfait
j' avais couvert
tu avais couvert
il avait couvert
nous avions couvert
vous aviez couvert
ils avaient couvert

passé antérieur
j' eus couvert
tu eus couvert
il eut couvert
nous eûmes couvert
vous eûtes couvert
ils eurent couvert

futur antérieur
j' aurai couvert
tu auras couvert
il aura couvert
nous aurons couvert
vous aurez couvert
ils auront couvert

SUBJONCTIF

présent
que je couvre
que tu couvres
qu' il couvre
que nous couvrions
que vous couvriez
qu' ils couvrent

passé
que j' aie couvert
que tu aies couvert
qu' il ait couvert
que nous ayons couvert
que vous ayez couvert
qu' ils aient couvert

imparfait
que je couvrisse
que tu couvrisses
qu' il couvrît
que nous couvrissions
que vous couvrissiez
qu' ils couvrissent

plus-que-parfait
que j' eusse couvert
que tu eusses couvert
qu' il eût couvert
que nous eussions couvert
que vous eussiez couvert
qu' ils eussent couvert

CONDITIONNEL

présent
je couvrirais
tu couvrirais
il couvrirait
nous couvririons
vous couvririez
ils couvriraient

passé
j' aurais couvert
tu aurais couvert
il aurait couvert
nous aurions couvert
vous auriez couvert
ils auraient couvert

IMPERATIF

couvre
couvrons
couvrez

PARTICIPE

présent **passé**
couvrant couvert(e)

craindre
temer

3º grupo

INDICATIF

présent
- je crains
- tu crains
- il craint
- nous craignons
- vous craignez
- ils craignent

imparfait
- je craignais
- tu craignais
- il craignait
- nous craignions
- vous craigniez
- ils craignaient

passé simple
- je craignis
- tu craignis
- il craignit
- nous craignîmes
- vous craignîtes
- ils craignirent

futur simple
- je craindrai
- tu craindras
- il craindra
- nous craindrons
- vous craindrez
- ils craindront

passé composé
- j' ai craint
- tu as craint
- il a craint
- nous avons craint
- vous avez craint
- ils ont craint

plus-que-parfait
- j' avais craint
- tu avais craint
- il avait craint
- nous avions craint
- vous aviez craint
- ils avaient craint

passé antérieur
- j' eus craint
- tu eus craint
- il eut craint
- nous eûmes craint
- vous eûtes craint
- ils eurent craint

futur antérieur
- j' aurai craint
- tu auras craint
- il aura craint
- nous aurons craint
- vous aurez craint
- ils auront craint

CONDITIONNEL

présent
- je craindrais
- tu craindrais
- il craindrait
- nous craindrions
- vous craindriez
- ils craindraient

passé
- j' aurais craint
- tu aurais craint
- il aurait craint
- nous aurions craint
- vous auriez craint
- ils auraient craint

SUBJONCTIF

présent
- que je craigne
- que tu craignes
- qu' il craigne
- que nous craignions
- que vous craigniez
- qu' ils craignent

passé
- que j' aie craint
- que tu aies craint
- qu' il ait craint
- que nous ayons craint
- que vous ayez craint
- qu' ils aient craint

imparfait
- que je craignisse
- que tu craignisses
- qu' il craignît
- que nous craignissions
- que vous craignissiez
- qu' ils craignissent

plus-que-parfait
- que j' eusse craint
- que tu eusses craint
- qu' il eût craint
- que nous eussions craint
- que vous eussiez craint
- qu' ils eussent craint

IMPERATIF

- crains
- craignons
- craignez

PARTICIPE

présent   **passé**
craignant   craint(e)

croire
crer

INDICATIF

présent
- je crois
- tu crois
- il croit
- nous croyons
- vous croyez
- ils croient

imparfait
- je croyais
- tu croyais
- il croyait
- nous croyions
- vous croyiez
- ils croyaient

passé simple
- je crus
- tu crus
- il crut
- nous crûmes
- vous crûtes
- ils crurent

futur simple
- je croirai
- tu croiras
- il croira
- nous croirons
- vous croirez
- ils croiront

passé composé
- j' ai cru
- tu as cru
- il a cru
- nous avons cru
- vous avez cru
- ils ont cru

plus-que-parfait
- j' avais cru
- tu avais cru
- il avait cru
- nous avions cru
- vous aviez cru
- ils avaient cru

passé antérieur
- j' eus cru
- tu eus cru
- il eut cru
- nous eûmes cru
- vous eûtes cru
- ils eurent cru

futur antérieur
- j' aurai cru
- tu auras cru
- il aura cru
- nous aurons cru
- vous aurez cru
- ils auront cru

CONDITIONNEL

présent
- je croirais
- tu croirais
- il croirait
- nous croirions
- vous croiriez
- ils croiraient

passé
- j' aurais cru
- tu aurais cru
- il aurait cru
- nous aurions cru
- vous auriez cru
- ils auraient cru

SUBJONCTIF

présent
- que je croie
- que tu croies
- qu' il croie
- que nous croyions
- que vous croyiez
- qu' ils croient

passé
- que j' aie cru
- que tu aies cru
- qu' il ait cru
- que nous ayons cru
- que vous ayez cru
- qu' ils aient cru

imparfait
- que je crusse
- que tu crusses
- qu' il crût
- que nous crussions
- que vous crussiez
- qu' ils crussent

plus-que-parfait
- que j' eusse cru
- que tu eusses cru
- qu' il eût cru
- que nous eussions cru
- que vous eussiez cru
- qu' ils eussent cru

IMPERATIF

- crois
- croyons
- croyez

PARTICIPE

présent **passé**
croyant cru(e)

croître
crescer

3º grupo

Acento circunflexo antes de **-t-** e em todas as formas que possam ser confundidas com as do verbo *croire* (nº 32).

INDICATIF

présent
- je croîs
- tu croîs
- il croît
- nous croissons
- vous croissez
- ils croissent

imparfait
- je croissais
- tu croissais
- il croissait
- nous croissions
- vous croissiez
- ils croissaient

passé simple
- je crûs
- tu crûs
- il crût
- nous crûmes
- vous crûtes
- ils crûrent

futur simple
- je croîtrai
- tu croîtras
- il croîtra
- nous croîtrons
- vous croîtrez
- ils croîtront

passé composé
- j' ai crû
- tu as crû
- il a crû
- nous avons crû
- vous avez crû
- ils ont crû

plus-que-parfait
- j' avais crû
- tu avais crû
- il avait crû
- nous avions crû
- vous aviez crû
- ils avaient crû

passé antérieur
- j' eus crû
- tu eus crû
- il eut crû
- nous eûmes crû
- vous eûtes crû
- ils eurent crû

futur antérieur
- j' aurai crû
- tu auras crû
- il aura crû
- nous aurons crû
- vous aurez crû
- ils auront crû

SUBJONCTIF

présent
- que je croisse
- que tu croisses
- qu' il croisse
- que nous croissions
- que vous croissiez
- qu' ils croissent

passé
- que j' aie crû
- que tu aies crû
- qu' il ait crû
- que nous ayons crû
- que vous ayez crû
- qu' ils aient crû

imparfait
- que je crûsse
- que tu crûsses
- qu' il crût
- que nous crûssions
- que vous crûssiez
- qu' ils crûssent

plus-que-parfait
- que j' eusse crû
- que tu eusses crû
- qu' il eût crû
- que nous eussions crû
- que vous eussiez crû
- qu' ils eussent crû

CONDITIONNEL

présent
- je croîtrais
- tu croîtrais
- il croîtrait
- nous croîtrions
- vous croîtriez
- ils croîtraient

passé
- j' aurais crû
- tu aurais crû
- il aurait crû
- nous aurions crû
- vous auriez crû
- ils auraient crû

IMPERATIF
- croîs
- croissons
- croissez

PARTICIPE

présent
- croissant

passé
- crû, crue

cueillir
colher

3º grupo

Com exceção do *passé simple* e do *subjonctif imparfait* todas as desinências seguem as dos tempos simples do 1º grupo.

INDICATIF

présent
- je cueille
- tu cueilles
- il cueille
- nous cueillons
- vous cueillez
- ils cueillent

imparfait
- je cueillais
- tu cueillais
- il cueillait
- nous cueillions
- vous cueilliez
- ils cueillaient

passé simple
- je cueillis
- tu cueillis
- il cueillit
- nous cueillîmes
- vous cueillîtes
- ils cueillirent

futur simple
- je cueillerai
- tu cueilleras
- il cueillera
- nous cueillerons
- vous cueillerez
- ils cueilleront

passé composé
- j' ai cueilli
- tu as cueilli
- il a cueilli
- nous avons cueilli
- vous avez cueilli
- ils ont cueilli

plus-que-parfait
- j' avais cueilli
- tu avais cueilli
- il avait cueilli
- nous avions cueilli
- vous aviez cueilli
- ils avaient cueilli

passé antérieur
- j' eus cueilli
- tu eus cueilli
- il eut cueilli
- nous eûmes cueilli
- vous eûtes cueilli
- ils eurent cueilli

futur antérieur
- j' aurai cueilli
- tu auras cueilli
- il aura cueilli
- nous aurons cueilli
- vous aurez cueilli
- ils auront cueilli

SUBJONCTIF

présent
- que je cueille
- que tu cueilles
- qu' il cueille
- que nous cueillions
- que vous cueilliez
- qu' ils cueillent

passé
- que j' aie cueilli
- que tu aies cueilli
- qu' il ait cueilli
- que nous ayons cueilli
- que vous ayez cueilli
- qu' ils aient cueilli

imparfait
- que je cueillisse
- que tu cueillisses
- qu' il cueillît
- que nous cueillissions
- que vous cueillissiez
- qu' ils cueillissent

plus-que-parfait
- que j' eusse cueilli
- que tu eusses cueilli
- qu' il eût cueilli
- que nous eussions cueilli
- que vous eussiez cueilli
- qu' ils eussent cueilli

CONDITIONNEL

présent
- je cueillerais
- tu cueillerais
- il cueillerait
- nous cueillerions
- vous cueilleriez
- ils cueilleraient

passé
- j' aurais cueilli
- tu aurais cueilli
- il aurait cueilli
- nous aurions cueilli
- vous auriez cueilli
- ils auraient cueilli

IMPERATIF
- cueille
- cueillons
- cueillez

PARTICIPE

présent — cueillant
passé — cueilli(e)

devoir
dever

3º grupo

INDICATIF

présent
- je dois
- tu dois
- il doit
- nous devons
- vous devez
- ils doivent

imparfait
- je devais
- tu devais
- il devait
- nous devions
- vous deviez
- ils devaient

passé simple
- je dus
- tu dus
- il dut
- nous dûmes
- vous dûtes
- ils durent

futur simple
- je devrai
- tu devras
- il devra
- nous devrons
- vous devrez
- ils devront

passé composé
- j' ai dû
- tu as dû
- il a dû
- nous avons dû
- vous avez dû
- ils ont dû

plus-que-parfait
- j' avais dû
- tu avais dû
- il avait dû
- nous avions dû
- vous aviez dû
- ils avaient dû

passé antérieur
- j' eus dû
- tu eus dû
- il eut dû
- nous eûmes dû
- vous eûtes dû
- ils eurent dû

futur antérieur
- j' aurai dû
- tu auras dû
- il aura dû
- nous aurons dû
- vous aurez dû
- ils auront dû

SUBJONCTIF

présent
- que je doive
- que tu doives
- qu' il doive
- que nous devions
- que vous deviez
- qu' ils doivent

passé
- que j' aie dû
- que tu aies dû
- qu' il ait dû
- que nous ayons dû
- que vous ayez dû
- qu' ils aient dû

imparfait
- que je dusse
- que tu dusses
- qu' il dût
- que nous dussions
- que vous dussiez
- qu' ils dussent

plus-que-parfait
- que j' eusse dû
- que tu eusses dû
- qu' il eût dû
- que nous eussions dû
- que vous eussiez dû
- qu' ils eussent dû

CONDITIONNEL

présent
- je devrais
- tu devrais
- il devrait
- nous devrions
- vous devriez
- ils devraient

passé
- j' aurais dû
- tu aurais dû
- il aurait dû
- nous aurions dû
- vous auriez dû
- ils auraient dû

IMPERATIF

- dois
- devons
- devez

PARTICIPE

présent   **passé**
devant   dû, due, du(e)s

dire
dizer

3º grupo

INDICATIF

présent
je dis
tu dis
il dit
nous disons
vous dites
ils disent

imparfait
je disais
tu disais
il disait
nous disions
vous disiez
ils disaient

passé simple
je dis
tu dis
il dit
nous dîmes
vous dîtes
ils dirent

futur simple
je dirai
tu diras
il dira
nous dirons
vous direz
ils diront

passé composé
j' ai dit
tu as dit
il a dit
nous avons dit
vous avez dit
ils ont dit

plus-que-parfait
j' avais dit
tu avais dit
il avait dit
nous avions dit
vous aviez dit
ils avaient dit

passé antérieur
j' eus dit
tu eus dit
il eut dit
nous eûmes dit
vous eûtes dit
ils eurent dit

futur antérieur
j' aurai dit
tu auras dit
il aura dit
nous aurons dit
vous aurez dit
ils auront dit

SUBJONCTIF

présent
que je dise
que tu dises
qu' il dise
que nous disions
que vous disiez
qu' ils disent

passé
que j' aie dit
que tu aies dit
qu' il ait dit
que nous ayons dit
que vous ayez dit
qu' ils aient dit

imparfait
que je disse
que tu disses
qu' il dît
que nous dissions
que vous dissiez
qu' ils dissent

plus-que-parfait
que j' eusse dit
que tu eusses dit
qu' il eût dit
que nous eussions dit
que vous eussiez dit
qu' ils eussent dit

CONDITIONNEL

présent
je dirais
tu dirais
il dirait
nous dirions
vous diriez
ils diraient

passé
j' aurais dit
tu aurais dit
il aurait dit
nous aurions dit
vous auriez dit
ils auraient dit

IMPERATIF

dis
disons
dites

PARTICIPE

présent   **passé**
disant   dit(e)

dormir

dormir

3º grupo

No singular do *indicatif présent* perde a consoante final do radical (aqui: **-m-**).

INDICATIF

présent
je dors
tu dors
il dort
nous dormons
vous dormez
ils dorment

passé composé
j' ai dormi
tu as dormi
il a dormi
nous avons dormi
vous avez dormi
ils ont dormi

imparfait
je dormais
tu dormais
il dormait
nous dormions
vous dormiez
ils dormaient

plus-que-parfait
j' avais dormi
tu avais dormi
il avait dormi
nous avions dormi
vous aviez dormi
ils avaient dormi

passé simple
je dormis
tu dormis
il dormit
nous dormîmes
vous dormîtes
ils dormirent

passé antérieur
j' eus dormi
tu eus dormi
il eut dormi
nous eûmes dormi
vous eûtes dormi
ils eurent dormi

futur simple
je dormirai
tu dormiras
il dormira
nous dormirons
vous dormirez
ils dormiront

futur antérieur
j' aurai dormi
tu auras dormi
il aura dormi
nous aurons dormi
vous aurez dormi
ils auront dormi

CONDITIONNEL

présent
je dormirais
tu dormirais
il dormirait
nous dormirions
vous dormiriez
ils dormiraient

passé
j' aurais dormi
tu aurais dormi
il aurait dormi
nous aurions dormi
vous auriez dormi
ils auraient dormi

SUBJONCTIF

présent
que je dorme
que tu dormes
qu' il dorme
que nous dormions
que vous dormiez
qu' ils dorment

passé
que j' aie dormi
que tu aies dormi
qu' il ait dormi
que nous ayons dormi
que vous ayez dormi
qu' ils aient dormi

imparfait
que je dormisse
que tu dormisses
qu' il dormît
que nous dormissions
que vous dormissiez
qu' ils dormissent

plus-que-parfait
que j' eusse dormi
que tu eusses dormi
qu' il eût dormi
que nous eussions dormi
que vous eussiez dormi
qu' ils eussent dormi

IMPERATIF

dors
dormons
dormez

PARTICIPE

présent **passé**
dormant dormi *(invariável)*

écrire

escrever

INDICATIF

présent
j'   écris
tu   écris
il   écrit
nous écrivons
vous écrivez
ils   écrivent

imparfait
j'   écrivais
tu   écrivais
il   écrivait
nous écrivions
vous écriviez
ils   écrivaient

passé simple
j'   écrivis
tu   écrivis
il   écrivit
nous écrivîmes
vous écrivîtes
ils   écrivirent

futur simple
j'   écrirai
tu   écriras
il   écrira
nous écrirons
vous écrirez
ils   écriront

passé composé
j'   ai   écrit
tu   as   écrit
il   a   écrit
nous avons   écrit
vous avez   écrit
ils   ont   écrit

plus-que-parfait
j'   avais   écrit
tu   avais   écrit
il   avait   écrit
nous avions   écrit
vous aviez   écrit
ils   avaient écrit

passé antérieur
j'   eus   écrit
tu   eus   écrit
il   eut   écrit
nous eûmes   écrit
vous eûtes   écrit
ils   eurent   écrit

futur antérieur
j'   aurai   écrit
tu   auras   écrit
il   aura   écrit
nous aurons écrit
vous aurez   écrit
ils   auront   écrit

SUBJONCTIF

présent
que j'   écrive
que tu   écrives
qu' il   écrive
que nous écrivions
que vous écriviez
qu' ils   écrivent

passé
que j'   aie   écrit
que tu   aies   écrit
qu' il   ait   écrit
que nous ayons   écrit
que vous ayez   écrit
qu' ils   aient   écrit

imparfait
que j'   écrivisse
que tu   écrivisses
qu' il   écrivît
que nous écrivissions
que vous écrivissiez
qu' ils   écrivissent

plus-que-parfait
que j'   eusse   écrit
que tu   eusses   écrit
qu' il   eût   écrit
que nous eussions écrit
que vous eussiez écrit
qu' ils   eussent   écrit

CONDITIONNEL

présent
j'   écrirais
tu   écrirais
il   écrirait
nous écririons
vous écririez
ils   écriraient

passé
j'   aurais   écrit
tu   aurais   écrit
il   aurait   écrit
nous aurions écrit
vous auriez   écrit
ils   auraient écrit

IMPERATIF

écris
écrivons
écrivez

PARTICIPE

présent   **passé**
écrivant   écrit(e)

exclure
excluir

3.º grupo

INDICATIF

présent
j' exclus
tu exclus
il exclut
nous excluons
vous excluez
ils excluent

passé composé
j'   ai   exclu
tu   as   exclu
il   a   exclu
nous avons exclu
vous avez exclu
ils ont   exclu

imparfait
j'   excluais
tu   excluais
il   excluait
nous excluions
vous excluiez
ils excluaient

plus-que-parfait
j'   avais   exclu
tu   avais   exclu
il   avait   exclu
nous avions exclu
vous aviez   exclu
ils avaient exclu

passé simple
j'   exclus
tu   exclus
il   exclut
nous exclûmes
vous exclûtes
ils exclurent

passé antérieur
j'   eus   exclu
tu   eus   exclu
il   eut   exclu
nous eûmes exclu
vous eûtes exclu
ils eurent exclu

futur simple
j'   exclurai
tu   excluras
il   exclura
nous exclurons
vous exclurez
ils excluront

futur antérieur
j'   aurai exclu
tu   auras exclu
il   aura   exclu
nous aurons exclu
vous aurez exclu
ils auront exclu

CONDITIONNEL

présent
j'   exclurais
tu   exclurais
il   exclurait
nous exclurions
vous excluriez
ils excluraient

passé
j'   aurais   exclu
tu   aurais   exclu
il   aurait   exclu
nous aurions exclu
vous auriez   exclu
ils auraient exclu

SUBJONCTIF

présent
que j'   exclue
que tu   exclues
qu' il   exclue
que nous excluions
que vous excluiez
qu' ils   excluent

passé
que j'   aie   exclu
que tu   aies exclu
qu' il   ait   exclu
que nous ayons exclu
que vous ayez exclu
qu' ils   aient exclu

imparfait
que j'   exclusse
que tu   exclusses
qu' il   exclût
que nous exclussions
que vous exclussiez
qu' ils   exclussent

plus-que-parfait
que j'   eusse   exclu
que tu   eusses   exclu
qu' il   eût   exclu
que nous eussions exclu
que vous eussiez exclu
qu' ils   eussent exclu

IMPERATIF

exclus
excluons
excluez

PARTICIPE

présent   **passé**
excluant   exclu(e)

faire
fazer

3º grupo

INDICATIF

présent
- je fais
- tu fais
- il fait
- nous faisons
- vous faites
- ils font

imparfait
- je faisais
- tu faisais
- il faisait
- nous faisions
- vous faisiez
- ils faisaient

passé simple
- je fis
- tu fis
- il fit
- nous fîmes
- vous fîtes
- ils firent

futur simple
- je ferai
- tu feras
- il fera
- nous ferons
- vous ferez
- ils feront

passé composé
- j' ai fait
- tu as fait
- il a fait
- nous avons fait
- vous avez fait
- ils ont fait

plus-que-parfait
- j' avais fait
- tu avais fait
- il avait fait
- nous avions fait
- vous aviez fait
- ils avaient fait

passé antérieur
- j' eus fait
- tu eus fait
- il eut fait
- nous eûmes fait
- vous eûtes fait
- ils eurent fait

futur antérieur
- j' aurai fait
- tu auras fait
- il aura fait
- nous aurons fait
- vous aurez fait
- ils auront fait

SUBJONCTIF

présent
- que je fasse
- que tu fasses
- qu' il fasse
- que nous fassions
- que vous fassiez
- qu' ils fassent

passé
- que j' aie fait
- que tu aies fait
- qu' il ait fait
- que nous ayons fait
- que vous ayez fait
- qu' ils aient fait

imparfait
- que je fisse
- que tu fisses
- qu' il fît
- que nous fissions
- que vous fissiez
- qu' ils fissent

plus-que-parfait
- que j' eusse fait
- que tu eusses fait
- qu' il eût fait
- que nous eussions fait
- que vous eussiez fait
- qu' ils eussent fait

CONDITIONNEL

présent
- je ferais
- tu ferais
- il ferait
- nous ferions
- vous feriez
- ils feraient

passé
- j' aurais fait
- tu aurais fait
- il aurait fait
- nous aurions fait
- vous auriez fait
- ils auraient fait

IMPERATIF

- fais
- faisons
- faites

PARTICIPE

présent   **passé**
faisant   fait(e)

falloir
ser preciso

3º grupo

Verbo impessoal

INDICATIF

présent
—
—
il faut
—
—
—

passé composé
—
—
il a fallu
—
—
—

imparfait
—
—
il fallait
—
—
—

plus-que-parfait
—
—
il avait fallu
—
—
—

passé simple
—
—
il fallut
—
—
—

passé antérieur
—
—
il eut fallu
—
—
—

futur simple
—
—
il faudra
—
—
—

futur antérieur
—
—
il aura fallu
—
—
—

SUBJONCTIF

présent
—
—
qu'il faille
—
—
—

passé
—
—
qu'il ait fallu
—
—
—

imparfait
—
—
qu'il fallût
—
—
—

plus-que-parfait
—
—
qu'il eût fallu
—
—
—

CONDITIONNEL

présent
—
—
il faudrait
—
—
—

passé
—
—
il aurait fallu
—
—
—

IMPERATIF
—
—
—

PARTICIPE

présent   **passé**
—   fallu *(invariável)*

fuir
fugir

42 — 3º grupo

-i- → **-y-** nas formas que têm a desinência tônica.

INDICATIF

présent
je fuis
tu fuis
il fuit
nous fuyons
vous fuyez
ils fuient

imparfait
je fuyais
tu fuyais
il fuyait
nous fuyions
vous fuyiez
ils fuyaient

passé simple
je fuis
tu fuis
il fuit
nous fuîmes
vous fuîtes
ils fuirent

futur simple
je fuirai
tu fuiras
il fuira
nous fuirons
vous fuirez
ils fuiront

passé composé
j' ai fui
tu as fui
il a fui
nous avons fui
vous avez fui
ils ont fui

plus-que-parfait
j' avais fui
tu avais fui
il avait fui
nous avions fui
vous aviez fui
ils avaient fui

passé antérieur
j' eus fui
tu eus fui
il eut fui
nous eûmes fui
vous eûtes fui
ils eurent fui

futur antérieur
j' aurai fui
tu auras fui
il aura fui
nous aurons fui
vous aurez fui
ils auront fui

SUBJONCTIF

présent
que je fuie
que tu fuies
qu' il fuie
que nous fuyions
que vous fuyiez
qu' ils fuient

passé
que j' aie fui
que tu aies fui
qu' il ait fui
que nous ayons fui
que vous ayez fui
qu' ils aient fui

imparfait
que je fuisse
que tu fuisses
qu' il fuît
que nous fuissions
que vous fuissiez
qu' ils fuissent

plus-que-parfait
que j' eusse fui
que tu eusses fui
qu' il eût fui
que nous eussions fui
que vous eussiez fui
qu' ils eussent fui

CONDITIONNEL

présent
je fuirais
tu fuirais
il fuirait
nous fuirions
vous fuiriez
ils fuiraient

passé
j' aurais fui
tu aurais fui
il aurait fui
nous aurions fui
vous auriez fui
ils auraient fui

IMPERATIF

fuis
fuyons
fuyez

PARTICIPE

présent **passé**
fuyant   fui(e)

haïr
odiar

2º grupo

Perde o trema só nas formas do singular do *indicatif présent* e do *impératif*.
Fora isso, conforme *finir* (n.º 16).

INDICATIF

présent
je hais
tu hais
il hait
nous haïssons
vous haïssez
ils haïssent

passé composé
j' ai haï
tu as haï
il a haï
nous avons haï
vous avez haï
ils ont haï

imparfait
je haïssais
tu haïssais
il haïssait
nous haïssions
vous haïssiez
ils haïssaient

plus-que-parfait
j' avais haï
tu avais haï
il avait haï
nous avions haï
vous aviez haï
ils avaient haï

passé simple
je haïs
tu haïs
il haït
nous haïmes
vous haïtes
ils haïrent

passé antérieur
j' eus haï
tu eus haï
il eut haï
nous eûmes haï
vous eûtes haï
ils eurent haï

futur simple
je haïrai
tu haïras
il haïra
nous haïrons
vous haïrez
ils haïront

futur antérieur
j' aurai haï
tu auras haï
il aura haï
nous aurons haï
vous aurez haï
ils auront haï

CONDITIONNEL

présent
je haïrais
tu haïrais
il haïrait
nous haïrions
vous haïriez
ils haïraient

passé
j' aurais haï
tu aurais haï
il aurait haï
nous aurions haï
vous auriez haï
ils auraient haï

SUBJONCTIF

présent
que je haïsse
que tu haïsses
qu' il haïsse
que nous haïssions
que vous haïssiez
qu' ils haïssent

passé
que j' aie haï
que tu aies haï
qu' il ait haï
que nous ayons haï
que vous ayez haï
qu' ils aient haï

imparfait
que je haïsse
que tu haïsses
qu' il haït
que nous haïssions
que vous haïssiez
qu' ils haïssent

plus-que-parfait
que j' eusse haï
que tu eusses haï
qu' il eût haï
que nous eussions haï
que vous eussiez haï
qu' ils eussent haï

IMPERATIF

hais
haïssons
haïssez

PARTICIPE

présent   **passé**
haïssant   haï(e)

joindre
juntar

3.º grupo

INDICATIF

présent
je	joins
tu	joins
il	joint
nous	joignons
vous	joignez
ils	joignent

imparfait
je	joignais
tu	joignais
il	joignait
nous	joignions
vous	joigniez
ils	joignaient

passé simple
je	joignis
tu	joignis
il	joignit
nous	joignîmes
vous	joignîtes
ils	joignirent

futur simple
je	joindrai
tu	joindras
il	joindra
nous	joindrons
vous	joindrez
ils	joindront

passé composé
j'	ai	joint
tu	as	joint
il	a	joint
nous	avons	joint
vous	avez	joint
ils	ont	joint

plus-que-parfait
j'	avais	joint
tu	avais	joint
il	avait	joint
nous	avions	joint
vous	aviez	joint
ils	avaient	joint

passé antérieur
j'	eus	joint
tu	eus	joint
il	eut	joint
nous	eûmes	joint
vous	eûtes	joint
ils	eurent	joint

futur antérieur
j'	aurai	joint
tu	auras	joint
il	aura	joint
nous	aurons	joint
vous	aurez	joint
ils	auront	joint

SUBJONCTIF

présent
que je	joigne
que tu	joignes
qu' il	joigne
que nous	joignions
que vous	joigniez
qu' ils	joignent

passé
que j'	aie	joint
que tu	aies	joint
qu' il	ait	joint
que nous	ayons	joint
que vous	ayez	joint
qu' ils	aient	joint

imparfait
que je	joignisse
que tu	joignisses
qu' il	joignît
que nous	joignissions
que vous	joignissiez
qu' ils	joignissent

plus-que-parfait
que j'	eusse	joint
que tu	eusses	joint
qu' il	eût	joint
que nous	eussions	joint
que vous	eussiez	joint
qu' ils	eussent	joint

CONDITIONNEL

présent
je	joindrais
tu	joindrais
il	joindrait
nous	joindrions
vous	joindriez
ils	joindraient

passé
j'	aurais	joint
tu	aurais	joint
il	aurait	joint
nous	aurions	joint
vous	auriez	joint
ils	auraient	joint

IMPERATIF

joins
joignons
joignez

PARTICIPE

présent	**passé**
joignant	joint(e)

lire
ler

3.º grupo

INDICATIF

présent
- je lis
- tu lis
- il lit
- nous lisons
- vous lisez
- ils lisent

passé composé
- j' ai lu
- tu as lu
- il a lu
- nous avons lu
- vous avez lu
- ils ont lu

imparfait
- je lisais
- tu lisais
- il lisait
- nous lisions
- vous lisiez
- ils lisaient

plus-que-parfait
- j' avais lu
- tu avais lu
- il avait lu
- nous avions lu
- vous aviez lu
- ils avaient lu

passé simple
- je lus
- tu lus
- il lut
- nous lûmes
- vous lûtes
- ils lurent

passé antérieur
- j' eus lu
- tu eus lu
- il eut lu
- nous eûmes lu
- vous eûtes lu
- ils eurent lu

futur simple
- je lirai
- tu liras
- il lira
- nous lirons
- vous lirez
- ils liront

futur antérieur
- j' aurai lu
- tu auras lu
- il aura lu
- nous aurons lu
- vous aurez lu
- ils auront lu

CONDITIONNEL

présent
- je lirais
- tu lirais
- il lirait
- nous lirions
- vous liriez
- ils liraient

passé
- j' aurais lu
- tu aurais lu
- il aurait lu
- nous aurions lu
- vous auriez lu
- ils auraient lu

SUBJONCTIF

présent
- que je lise
- que tu lises
- qu' il lise
- que nous lisions
- que vous lisiez
- qu' ils lisent

passé
- que j' aie lu
- que tu aies lu
- qu' il ait lu
- que nous ayons lu
- que vous ayez lu
- qu' ils aient lu

imparfait
- que je lusse
- que tu lusses
- qu' il lût
- que nous lussions
- que vous lussiez
- qu' ils lussent

plus-que-parfait
- que j' eusse lu
- que tu eusses lu
- qu' il eût lu
- que nous eussions lu
- que vous eussiez lu
- qu' ils eussent lu

IMPERATIF

- lis
- lisons
- lisez

PARTICIPE

présent **passé**
lisant   lu(e)

mettre
pôr

3º grupo

Antes de vogal e de **-r-** mantém-se **-tt-**.

INDICATIF

présent
je	mets
tu	mets
il	met
nous	mettons
vous	mettez
ils	mettent

imparfait
je	mettais
tu	mettais
il	mettait
nous	mettions
vous	mettiez
ils	mettaient

passé simple
je	mis
tu	mis
il	mit
nous	mîmes
vous	mîtes
ils	mirent

futur simple
je	mettrai
tu	mettras
il	mettra
nous	mettrons
vous	mettrez
ils	mettront

passé composé
j'	ai	mis
tu	as	mis
il	a	mis
nous	avons	mis
vous	avez	mis
ils	ont	mis

plus-que-parfait
j'	avais	mis
tu	avais	mis
il	avait	mis
nous	avions	mis
vous	aviez	mis
ils	avaient	mis

passé antérieur
j'	eus	mis
tu	eus	mis
il	eut	mis
nous	eûmes	mis
vous	eûtes	mis
ils	eurent	mis

futur antérieur
j'	aurai	mis
tu	auras	mis
il	aura	mis
nous	aurons	mis
vous	aurez	mis
ils	auront	mis

SUBJONCTIF

présent
que je	mette
que tu	mettes
qu'il	mette
que nous	mettions
que vous	mettiez
qu'ils	mettent

passé
que j'	aie	mis
que tu	aies	mis
qu'il	ait	mis
que nous	ayons	mis
que vous	ayez	mis
qu'ils	aient	mis

imparfait
que je	misse
que tu	misses
qu'il	mît
que nous	missions
que vous	missiez
qu'ils	missent

plus-que-parfait
que j'	eusse	mis
que tu	eusses	mis
qu'il	eût	mis
que nous	eussions	mis
que vous	eussiez	mis
qu'ils	eussent	mis

CONDITIONNEL

présent
je	mettrais
tu	mettrais
il	mettrait
nous	mettrions
vous	mettriez
ils	mettraient

passé
j'	aurais	mis
tu	aurais	mis
il	aurait	mis
nous	aurions	mis
vous	auriez	mis
ils	auraient	mis

IMPERATIF

mets
mettons
mettez

PARTICIPE

présent **passé**
mettant mis(e)

moudre
moer

3.º grupo

INDICATIF

présent
- je mouds
- tu mouds
- il moud
- nous moulons
- vous moulez
- ils moulent

imparfait
- je moulais
- tu moulais
- il moulait
- nous moulions
- vous mouliez
- ils moulaient

passé simple
- je moulus
- tu moulus
- il moulut
- nous moulûmes
- vous moulûtes
- ils moulurent

futur simple
- je moudrai
- tu moudras
- il moudra
- nous moudrons
- vous moudrez
- ils moudront

passé composé
- j' ai moulu
- tu as moulu
- il a moulu
- nous avons moulu
- vous avez moulu
- ils ont moulu

plus-que-parfait
- j' avais moulu
- tu avais moulu
- il avait moulu
- nous avions moulu
- vous aviez moulu
- ils avaient moulu

passé antérieur
- j' eus moulu
- tu eus moulu
- il eut moulu
- nous eûmes moulu
- vous eûtes moulu
- ils eurent moulu

futur antérieur
- j' aurai moulu
- tu auras moulu
- il aura moulu
- nous aurons moulu
- vous aurez moulu
- ils auront moulu

SUBJONCTIF

présent
- que je moule
- que tu moules
- qu' il moule
- que nous moulions
- que vous mouliez
- qu' ils moulent

passé
- que j' aie moulu
- que tu aies moulu
- qu' il ait moulu
- que nous ayons moulu
- que vous ayez moulu
- qu' ils aient moulu

imparfait
- que je moulusse
- que tu moulusses
- qu' il moulût
- que nous moulussions
- que vous moulussiez
- qu' ils moulussent

plus-que-parfait
- que j' eusse moulu
- que tu eusses moulu
- qu' il eût moulu
- que nous eussions moulu
- que vous eussiez moulu
- qu' ils eussent moulu

CONDITIONNEL

présent
- je moudrais
- tu moudrais
- il moudrait
- nous moudrions
- vous moudriez
- ils moudraient

passé
- j' aurais moulu
- tu aurais moulu
- il aurait moulu
- nous aurions moulu
- vous auriez moulu
- ils auraient moulu

IMPERATIF

- mouds
- moulons
- moulez

PARTICIPE

présent **passé**
moulant moulu(e)

48 3º grupo

mourir
morrer

INDICATIF

présent
je meurs
tu meurs
il meurt
nous mourons
vous mourez
ils meurent

imparfait
je mourais
tu mourais
il mourait
nous mourions
vous mouriez
ils mouraient

passé simple
je mourus
tu mourus
il mourut
nous mourûmes
vous mourûtes
ils moururent

futur simple
je mourrai
tu mourras
il mourra
nous mourrons
vous mourrez
ils mourront

passé composé
je suis mort
tu es mort
il est mort
nous sommes morts
vous êtes morts
ils sont morts

plus-que-parfait
j' étais mort
tu étais mort
il était mort
nous étions morts
vous étiez morts
ils étaient morts

passé antérieur
je fus mort
tu fus mort
il fut mort
nous fûmes morts
vous fûtes morts
ils furent morts

futur antérieur
je serai mort
tu seras mort
il sera mort
nous serons morts
vous serez morts
ils seront morts

CONDITIONNEL

présent
je mourrais
tu mourrais
il mourrait
nous mourrions
vous mourriez
ils mourraient

passé
je serais mort
tu serais mort
il serait mort
nous serions morts
vous seriez morts
ils seraient morts

SUBJONCTIF

présent
que je meure
que tu meures
qu' il meure
que nous mourions
que vous mouriez
qu' ils meurent

passé
que je sois mort
que tu sois mort
qu' il soit mort
que nous soyons morts
que vous soyez morts
qu' ils soient morts

imparfait
que je mourusse
que tu mourusses
qu' il mourût
que nous mourussions
que vous mourussiez
qu' ils mourussent

plus-que-parfait
que je fusse mort
que tu fusses mort
qu' il fût mort
que nous fussions morts
que vous fussiez morts
qu' ils fussent morts

IMPERATIF

meurs
mourons
mourez

PARTICIPE

présent   **passé**
mourant   mort(e)

mouvoir
mover

3º grupo

INDICATIF

présent
- je meus
- tu meus
- il meut
- nous mouvons
- vous mouvez
- ils meuvent

imparfait
- je mouvais
- tu mouvais
- il mouvait
- nous mouvions
- vous mouviez
- ils mouvaient

passé simple
- je mus
- tu mus
- il mut
- nous mûmes
- vous mûtes
- ils murent

futur simple
- je mouvrai
- tu mouvras
- il mouvra
- nous mouvrons
- vous mouvrez
- ils mouvront

passé composé
- j' ai mû
- tu as mû
- il a mû
- nous avons mû
- vous avez mû
- ils ont mû

plus-que-parfait
- j' avais mû
- tu avais mû
- il avait mû
- nous avions mû
- vous aviez mû
- ils avaient mû

passé antérieur
- j' eus mû
- tu eus mû
- il eut mû
- nous eûmes mû
- vous eûtes mû
- ils eurent mû

futur antérieur
- j' aurai mû
- tu auras mû
- il aura mû
- nous aurons mû
- vous aurez mû
- ils auront mû

SUBJONCTIF

présent
- que je meuve
- que tu meuves
- qu' il meuve
- que nous mouvions
- que vous mouviez
- qu' ils meuvent

passé
- que j' aie mû
- que tu aies mû
- qu' il ait mû
- que nous ayons mû
- que vous ayez mû
- qu' ils aient mû

imparfait
- que je musse
- que tu musses
- qu' il mût
- que nous mussions
- que vous mussiez
- qu' ils mussent

plus-que-parfait
- que j' eusse mû
- que tu eusses mû
- qu' il eût mû
- que nous eussions mû
- que vous eussiez mû
- qu' ils eussent mû

CONDITIONNEL

présent
- je mouvrais
- tu mouvrais
- il mouvrait
- nous mouvrions
- vous mouvriez
- ils mouvraient

passé
- j' aurais mû
- tu aurais mû
- il aurait mû
- nous aurions mû
- vous auriez mû
- ils auraient mû

IMPERATIF

- meus
- mouvons
- mouvez

PARTICIPE

présent
- mouvant

passé
- mû (mue)

ness
naître

nascer

3º grupo

INDICATIF

présent
je nais
tu nais
il naît
nous naissons
vous naissez
ils naissent

imparfait
je naissais
tu naissais
il naissait
nous naissions
vous naissiez
ils naissaient

passé simple
je naquis
tu naquis
il naquit
nous naquîmes
vous naquîtes
ils naquirent

futur simple
je naîtrai
tu naîtras
il naîtra
nous naîtrons
vous naîtrez
ils naîtront

passé composé
je suis né
tu es né
il est né
nous sommes nés
vous êtes nés
ils sont nés

plus-que-parfait
j' étais né
tu étais né
il était né
nous étions nés
vous étiez nés
ils étaient nés

passé antérieur
je fus né
tu fus né
il fut né
nous fûmes nés
vous fûtes nés
ils furent nés

futur antérieur
je serai né
tu seras né
il sera né
nous serons nés
vous serez nés
ils seront nés

SUBJONCTIF

présent
que je naisse
que tu naisses
qu' il naisse
que nous naissions
que vous naissiez
qu' ils naissent

passé
que je sois né
que tu sois né
qu' il soit né
que nous soyons nés
que vous soyez nés
qu' ils soient nés

imparfait
que je naquisse
que tu naquisses
qu' il naquît
que nous naquissions
que vous naquissiez
qu' ils naquissent

plus-que-parfait
que je fusse né
que tu fusses né
qu' il fût né
que nous fussions nés
que vous fussiez nés
qu' ils fussent nés

CONDITIONNEL

présent
je naîtrais
tu naîtrais
il naîtrait
nous naîtrions
vous naîtriez
ils naîtraient

passé
je serais né
tu serais né
il serait né
nous serions nés
vous seriez nés
ils seraient nés

IMPERATIF

nais
naissons
naissez

PARTICIPE

présent **passé**
naissant né(e)

partir
partir

3.º grupo

No singular do *indicatif présent* perde a consoante final do radical (aqui: **-t-**).

INDICATIF

présent
je pars
tu pars
il part
nous partons
vous partez
ils partent

passé composé
je suis parti
tu es parti
il est parti
nous sommes partis
vous êtes partis
ils sont partis

imparfait
je partais
tu partais
il partait
nous partions
vous partiez
ils partaient

plus-que-parfait
j' étais parti
tu étais parti
il était parti
nous étions partis
vous étiez partis
ils étaient partis

passé simple
je partis
tu partis
il partit
nous partîmes
vous partîtes
ils partirent

passé antérieur
je fus parti
tu fus parti
il fut parti
nous fûmes partis
vous fûtes partis
ils furent partis

futur simple
je partirai
tu partiras
il partira
nous partirons
vous partirez
ils partiront

futur antérieur
je serai parti
tu seras parti
il sera parti
nous serons partis
vous serez partis
ils seront partis

CONDITIONNEL

présent
je partirais
tu partirais
il partirait
nous partirions
vous partiriez
ils partiraient

passé
je serais parti
tu serais parti
il serait parti
nous serions partis
vous seriez partis
ils seraient partis

SUBJONCTIF

présent
que je parte
que tu partes
qu' il parte
que nous partions
que vous partiez
qu' ils partent

passé
que je sois parti
que tu sois parti
qu' il soit parti
que nous soyons partis
que vous soyez partis
qu' ils soient partis

imparfait
que je partisse
que tu partisses
qu' il partît
que nous partissions
que vous partissiez
qu' ils partissent

plus-que-parfait
que je fusse parti
que tu fusses parti
qu' il fût parti
que nous fussions partis
que vous fussiez partis
qu' ils fussent partis

IMPERATIF

pars
partons
partez

PARTICIPE

présent　　**passé**
partant　　parti(e)

3.º grupo

peindre
pintar

INDICATIF

présent
- je peins
- tu peins
- il peint
- nous peignons
- vous peignez
- ils peignent

imparfait
- je peignais
- tu peignais
- il peignait
- nous peignions
- vous peigniez
- ils peignaient

passé simple
- je peignis
- tu peignis
- il peignit
- nous peignîmes
- vous peignîtes
- ils peignirent

futur simple
- je peindrai
- tu peindras
- il peindra
- nous peindrons
- vous peindrez
- ils peindront

passé composé
- j' ai peint
- tu as peint
- il a peint
- nous avons peint
- vous avez peint
- ils ont peint

plus-que-parfait
- j' avais peint
- tu avais peint
- il avait peint
- nous avions peint
- vous aviez peint
- ils avaient peint

passé antérieur
- j' eus peint
- tu eus peint
- il eut peint
- nous eûmes peint
- vous eûtes peint
- ils eurent peint

futur antérieur
- j' aurai peint
- tu auras peint
- il aura peint
- nous aurons peint
- vous aurez peint
- ils auront peint

SUBJONCTIF

présent
- que je peigne
- que tu peignes
- qu' il peigne
- que nous peignions
- que vous peigniez
- qu' ils peignent

passé
- que j' aie peint
- que tu aies peint
- qu' il ait peint
- que nous ayons peint
- que vous ayez peint
- qu' ils aient peint

imparfait
- que je peignisse
- que tu peignisses
- qu' il peignît
- que nous peignissions
- que vous peignissiez
- qu' ils peignissent

plus-que-parfait
- que j' eusse peint
- que tu eusses peint
- qu' il eût peint
- que nous eussions peint
- que vous eussiez peint
- qu' ils eussent peint

CONDITIONNEL

présent
- je peindrais
- tu peindrais
- il peindrait
- nous peindrions
- vous peindriez
- ils peindraient

passé
- j' aurais peint
- tu aurais peint
- il aurait peint
- nous aurions peint
- vous auriez peint
- ils auraient peint

IMPERATIF

- peins
- peignons
- peignez

PARTICIPE

présent
- peignant

passé
- peint(e)

plaire
agradar

3.º grupo

INDICATIF

présent
- je plais
- tu plais
- il plaît
- nous plaisons
- vous plaisez
- ils plaisent

passé composé
- j' ai plu
- tu as plu
- il a plu
- nous avons plu
- vous avez plu
- ils ont plu

imparfait
- je plaisais
- tu plaisais
- il plaisait
- nous plaisions
- vous plaisiez
- ils plaisaient

plus-que-parfait
- j' avais plu
- tu avais plu
- il avait plu
- nous avions plu
- vous aviez plu
- ils avaient plu

passé simple
- je plus
- tu plus
- il plut
- nous plûmes
- vous plûtes
- ils plurent

passé antérieur
- j' eus plu
- tu eus plu
- il eut plu
- nous eûmes plu
- vous eûtes plu
- ils eurent plu

futur simple
- je plairai
- tu plairas
- il plaira
- nous plairons
- vous plairez
- ils plairont

futur antérieur
- j' aurai plu
- tu auras plu
- il aura plu
- nous aurons plu
- vous aurez plu
- ils auront plu

CONDITIONNEL

présent
- je plairais
- tu plairais
- il plairait
- nous plairions
- vous plairiez
- ils plairaient

passé
- j' aurais plu
- tu aurais plu
- il aurait plu
- nous aurions plu
- vous auriez plu
- ils auraient plu

SUBJONCTIF

présent
- que je plaise
- que tu plaises
- qu' il plaise
- que nous plaisions
- que vous plaisiez
- qu' ils plaisent

passé
- que j' aie plu
- que tu aies plu
- qu' il ait plu
- que nous ayons plu
- que vous ayez plu
- qu' ils aient plu

imparfait
- que je plusse
- que tu plusses
- qu' il plût
- que nous plussions
- que vous plussiez
- qu' ils plussent

plus-que-parfait
- que j' eusse plu
- que tu eusses plu
- qu' il eût plu
- que nous eussions plu
- que vous eussiez plu
- qu' ils eussent plu

IMPERATIF

- plais
- plaisons
- plaisez

PARTICIPE

présent   **passé**
plaisant   plu *(invariável)*

54

3º grupo

pleuvoir
chover

Verbo impessoal

INDICATIF

présent
—
—
il pleut
—
—
—

imparfait
—
—
il pleuvait
—
—
—

passé simple
—
—
il plut
—
—
—

futur simple
—
—
il pleuvra
—
—
—

passé composé
—
—
il a plu
—
—
—

plus-que-parfait
—
—
il avait plu
—
—
—

passé antérieur
—
—
il eut plu
—
—
—

futur antérieur
—
—
il aura plu
—
—
—

SUBJONCTIF

présent
—
—
qu' il pleuve
—
—
—

passé
—
—
qu' il ait plu
—
—
—

imparfait
—
—
qu' il plût
—
—
—

plus-que-parfait
—
—
qu' il eût plu
—
—
—

CONDITIONNEL

présent
—
—
il pleuvrait
—
—
—

passé
—
—
il aurait plu
—
—
—

IMPERATIF
—
—
—

PARTICIPE

présent   **passé**
pleuvant   plu *(invariável)*

pourvoir
prover

3º grupo

Conjugado como *prévoir* (nº 58), exceto as formas do *passé simple* e do *subjonctif imparfait*.

INDICATIF

présent
je pourvois
tu pourvois
il pourvoit
nous pourvoyons
vous pourvoyez
ils pourvoient

passé composé
j' ai pourvu
tu as pourvu
il a pourvu
nous avons pourvu
vous avez pourvu
ils ont pourvu

imparfait
je pourvoyais
tu pourvoyais
il pourvoyait
nous pourvoyions
vous pourvoyiez
ils pourvoyaient

plus-que-parfait
j' avais pourvu
tu avais pourvu
il avait pourvu
nous avions pourvu
vous aviez pourvu
ils avaient pourvu

passé simple
je pourvus
tu pourvus
il pourvut
nous pourvûmes
vous pourvûtes
ils pourvurent

passé antérieur
j' eus pourvu
tu eus pourvu
il eut pourvu
nous eûmes pourvu
vous eûtes pourvu
ils eurent pourvu

futur simple
je pourvoirai
tu pourvoiras
il pourvoira
nous pourvoirons
vous pourvoirez
ils pourvoiront

futur antérieur
j' aurai pourvu
tu auras pourvu
il aura pourvu
nous aurons pourvu
vous aurez pourvu
ils auront pourvu

CONDITIONNEL

présent
je pourvoirais
tu pourvoirais
il pourvoirait
nous pourvoirions
vous pourvoiriez
ils pourvoiraient

passé
j' aurais pourvu
tu aurais pourvu
il aurait pourvu
nous aurions pourvu
vous auriez pourvu
ils auraient pourvu

SUBJONCTIF

présent
que je pourvoie
que tu pourvoies
qu' il pourvoie
que nous pourvoyions
que vous pourvoyiez
qu' ils pourvoient

passé
que j' aie pourvu
que tu aies pourvu
qu' il ait pourvu
que nous ayons pourvu
que vous ayez pourvu
qu' ils aient pourvu

imparfait
que je pourvusse
que tu pourvusses
qu' il pourvût
que nous pourvussions
que vous pourvussiez
qu' ils pourvussent

plus-que-parfait
que j' eusse pourvu
que tu eusses pourvu
qu' il eût pourvu
que nous eussions pourvu
que vous eussiez pourvu
qu' ils eussent pourvu

IMPERATIF

pourvois
pourvoyons
pourvoyez

PARTICIPE

présent   **passé**
pourvoyant   pourvu(e)

pouvoir
poder

3º grupo

INDICATIF

présent
- je peux / puis-je ?
- tu peux
- il peut
- nous pouvons
- vous pouvez
- ils peuvent

passé composé
- j' ai pu
- tu as pu
- il a pu
- nous avons pu
- vous avez pu
- ils ont pu

imparfait
- je pouvais
- tu pouvais
- il pouvait
- nous pouvions
- vous pouviez
- ils pouvaient

plus-que-parfait
- j' avais pu
- tu avais pu
- il avait pu
- nous avions pu
- vous aviez pu
- ils avaient pu

passé simple
- je pus
- tu pus
- il put
- nous pûmes
- vous pûtes
- ils purent

passé antérieur
- j' eus pu
- tu eus pu
- il eut pu
- nous eûmes pu
- vous eûtes pu
- ils eurent pu

futur simple
- je pourrai
- tu pourras
- il pourra
- nous pourrons
- vous pourrez
- ils pourront

futur antérieur
- j' aurai pu
- tu auras pu
- il aura pu
- nous aurons pu
- vous aurez pu
- ils auront pu

CONDITIONNEL

présent
- je pourrais
- tu pourrais
- il pourrait
- nous pourrions
- vous pourriez
- ils pourraient

passé
- j' aurais pu
- tu aurais pu
- il aurait pu
- nous aurions pu
- vous auriez pu
- ils auraient pu

SUBJONCTIF

présent
- que je puisse
- que tu puisses
- qu' il puisse
- que nous puissions
- que vous puissiez
- qu' ils puissent

passé
- que j' aie pu
- que tu aies pu
- qu' il ait pu
- que nous ayons pu
- que vous ayez pu
- qu' ils aient pu

imparfait
- que je pusse
- que tu pusses
- qu' il pût
- que nous pussions
- que vous pussiez
- qu' ils pussent

plus-que-parfait
- que j' eusse pu
- que tu eusses pu
- qu' il eût pu
- que nous eussions pu
- que vous eussiez pu
- qu' ils eussent pu

IMPERATIF
—
—
—

PARTICIPE

présent
pouvant

passé
pu *(invariável)*

prendre
pegar, tomar

3º grupo

INDICATIF

présent
- je prends
- tu prends
- il prend
- nous prenons
- vous prenez
- ils prennent

passé composé
- j' ai pris
- tu as pris
- il a pris
- nous avons pris
- vous avez pris
- ils ont pris

imparfait
- je prenais
- tu prenais
- il prenait
- nous prenions
- vous preniez
- ils prenaient

plus-que-parfait
- j' avais pris
- tu avais pris
- il avait pris
- nous avions pris
- vous aviez pris
- ils avaient pris

passé simple
- je pris
- tu pris
- il prit
- nous prîmes
- vous prîtes
- ils prirent

passé antérieur
- j' eus pris
- tu eus pris
- il eut pris
- nous eûmes pris
- vous eûtes pris
- ils eurent pris

futur simple
- je prendrai
- tu prendras
- il prendra
- nous prendrons
- vous prendrez
- ils prendront

futur antérieur
- j' aurai pris
- tu auras pris
- il aura pris
- nous aurons pris
- vous aurez pris
- ils auront pris

SUBJONCTIF

présent
- que je prenne
- que tu prennes
- qu' il prenne
- que nous prenions
- que vous preniez
- qu' ils prennent

passé
- que j' aie pris
- que tu aies pris
- qu' il ait pris
- que nous ayons pris
- que vous ayez pris
- qu' ils aient pris

imparfait
- que je prisse
- que tu prisses
- qu' il prît
- que nous prissions
- que vous prissiez
- qu' ils prissent

plus-que-parfait
- que j' eusse pris
- que tu eusses pris
- qu' il eût pris
- que nous eussions pris
- que vous eussiez pris
- qu' ils eussent pris

CONDITIONNEL

présent
- je prendrais
- tu prendrais
- il prendrait
- nous prendrions
- vous prendriez
- ils prendraient

passé
- j' aurais pris
- tu aurais pris
- il aurait pris
- nous aurions pris
- vous auriez pris
- ils auraient pris

IMPERATIF

- prends
- prenons
- prenez

PARTICIPE

présent   **passé**
prenant   pris(e)

prévoir

prever

Conjugado como *voir* (n.º 73), exceto no *futur simple* e no *conditionnel*.

INDICATIF

présent
- je prévois
- tu prévois
- il prévoit
- nous prévoyons
- vous prévoyez
- ils prévoient

imparfait
- je prévoyais
- tu prévoyais
- il prévoyait
- nous prévoyions
- vous prévoyiez
- ils prévoyaient

passé simple
- je prévis
- tu prévis
- il prévit
- nous prévîmes
- vous prévîtes
- ils prévirent

futur simple
- je prévoirai
- tu prévoiras
- il prévoira
- nous prévoirons
- vous prévoirez
- ils prévoiront

passé composé
- j' ai prévu
- tu as prévu
- il a prévu
- nous avons prévu
- vous avez prévu
- ils ont prévu

plus-que-parfait
- j' avais prévu
- tu avais prévu
- il avait prévu
- nous avions prévu
- vous aviez prévu
- ils avaient prévu

passé antérieur
- j' eus prévu
- tu eus prévu
- il eut prévu
- nous eûmes prévu
- vous eûtes prévu
- ils eurent prévu

futur antérieur
- j' aurai prévu
- tu auras prévu
- il aura prévu
- nous aurons prévu
- vous aurez prévu
- ils auront prévu

CONDITIONNEL

présent
- je prévoirais
- tu prévoirais
- il prévoirait
- nous prévoirions
- vous prévoiriez
- ils prévoiraient

passé
- j' aurais prévu
- tu aurais prévu
- il aurait prévu
- nous aurions prévu
- vous auriez prévu
- ils auraient prévu

SUBJONCTIF

présent
- que je prévoie
- que tu prévoies
- qu' il prévoie
- que nous prévoyions
- que vous prévoyiez
- qu' ils prévoient

passé
- que j' aie prévu
- que tu aies prévu
- qu' il ait prévu
- que nous ayons prévu
- que vous ayez prévu
- qu' ils aient prévu

imparfait
- que je prévisse
- que tu prévisses
- qu' il prévît
- que nous prévissions
- que vous prévissiez
- qu' ils prévissent

plus-que-parfait
- que j' eusse prévu
- que tu eusses prévu
- qu' il eût prévu
- que nous eussions prévu
- que vous eussiez prévu
- qu' ils eussent prévu

IMPERATIF

- prévois
- prévoyons
- prévoyez

PARTICIPE

présent   **passé**
- prévoyant   prévu(e)

recevoir
receber

3º grupo

-c- → -ç- antes de **-o** e **-u**.

INDICATIF

présent
je reçois
tu reçois
il reçoit
nous recevons
vous recevez
ils reçoivent

imparfait
je recevais
tu recevais
il recevait
nous recevions
vous receviez
ils recevaient

passé simple
je reçus
tu reçus
il reçut
nous reçûmes
vous reçûtes
ils reçurent

futur simple
je recevrai
tu recevras
il recevra
nous recevrons
vous recevrez
ils recevront

passé composé
j' ai reçu
tu as reçu
il a reçu
nous avons reçu
vous avez reçu
ils ont reçu

plus-que-parfait
j' avais reçu
tu avais reçu
il avait reçu
nous avions reçu
vous aviez reçu
ils avaient reçu

passé antérieur
j' eus reçu
tu eus reçu
il eut reçu
nous eûmes reçu
vous eûtes reçu
ils eurent reçu

futur antérieur
j' aurai reçu
tu auras reçu
il aura reçu
nous aurons reçu
vous aurez reçu
ils auront reçu

SUBJONCTIF

présent
que je reçoive
que tu reçoives
qu' il reçoive
que nous recevions
que vous receviez
qu' ils reçoivent

passé
que j' aie reçu
que tu aies reçu
qu' il ait reçu
que nous ayons reçu
que vous ayez reçu
qu' ils aient reçu

imparfait
que je reçusse
que tu reçusses
qu' il reçût
que nous reçussions
que vous reçussiez
qu' ils reçussent

plus-que-parfait
que j' eusse reçu
que tu eusses reçu
qu' il eût reçu
que nous eussions reçu
que vous eussiez reçu
qu' ils eussent reçu

CONDITIONNEL

présent
je recevrais
tu recevrais
il recevrait
nous recevrions
vous recevriez
ils recevraient

passé
j' aurais reçu
tu aurais reçu
il aurait reçu
nous aurions reçu
vous auriez reçu
ils auraient reçu

IMPERATIF

reçois
recevons
recevez

PARTICIPE

présent
recevant

passé
reçu(e)

3º grupo

rendre
entregar, devolver

INDICATIF

présent
je rends
tu rends
il rend
nous rendons
vous rendez
ils rendent

imparfait
je rendais
tu rendais
il rendait
nous rendions
vous rendiez
ils rendaient

passé simple
je rendis
tu rendis
il rendit
nous rendîmes
vous rendîtes
ils rendirent

futur simple
je rendrai
tu rendras
il rendra
nous rendrons
vous rendrez
ils rendront

passé composé
j' ai rendu
tu as rendu
il a rendu
nous avons rendu
vous avez rendu
ils ont rendu

plus-que-parfait
j' avais rendu
tu avais rendu
il avait rendu
nous avions rendu
vous aviez rendu
ils avaient rendu

passé antérieur
j' eus rendu
tu eus rendu
il eut rendu
nous eûmes rendu
vous eûtes rendu
ils eurent rendu

futur antérieur
j' aurai rendu
tu auras rendu
il aura rendu
nous aurons rendu
vous aurez rendu
ils auront rendu

CONDITIONNEL

présent
je rendrais
tu rendrais
il rendrait
nous rendrions
vous rendriez
ils rendraient

passé
j' aurais rendu
tu aurais rendu
il aurait rendu
nous aurions rendu
vous auriez rendu
ils auraient rendu

SUBJONCTIF

présent
que je rende
que tu rendes
qu' il rende
que nous rendions
que vous rendiez
qu' ils rendent

passé
que j' aie rendu
que tu aies rendu
qu' il ait rendu
que nous ayons rendu
que vous ayez rendu
qu' ils aient rendu

imparfait
que je rendisse
que tu rendisses
qu' il rendît
que nous rendissions
que vous rendissiez
qu' ils rendissent

plus-que-parfait
que j' eusse rendu
que tu eusses rendu
qu' il eût rendu
que nous eussions rendu
que vous eussiez rendu
qu' ils eussent rendu

IMPERATIF

rends
rendons
rendez

PARTICIPE

présent **passé**
rendant rendu(e)

rire

rir

3.º grupo

INDICATIF

présent
je ris
tu ris
il rit
nous rions
vous riez
ils rient

passé composé
j' ai ri
tu as ri
il a ri
nous avons ri
vous avez ri
ils ont ri

imparfait
je riais
tu riais
il riait
nous riions
vous riiez
ils riaient

plus-que-parfait
j' avais ri
tu avais ri
il avait ri
nous avions ri
vous aviez ri
ils avaient ri

passé simple
je ris
tu ris
il rit
nous rîmes
vous rîtes
ils rirent

passé antérieur
j' eus ri
tu eus ri
il eut ri
nous eûmes ri
vous eûtes ri
ils eurent ri

futur simple
je rirai
tu riras
il rira
nous rirons
vous rirez
ils riront

futur antérieur
j' aurai ri
tu auras ri
il aura ri
nous aurons ri
vous aurez ri
ils auront ri

CONDITIONNEL

présent
je rirais
tu rirais
il rirait
nous ririons
vous ririez
ils riraient

passé
j' aurais ri
tu aurais ri
il aurait ri
nous aurions ri
vous auriez ri
ils auraient ri

SUBJONCTIF

présent
que je rie
que tu ries
qu' il rie
que nous riions
que vous riiez
qu' ils rient

passé
que j' aie ri
que tu aies ri
qu' il ait ri
que nous ayons ri
que vous ayez ri
qu' ils aient ri

imparfait
que je risse
que tu risses
qu' il rît
que nous rissions
que vous rissiez
qu' ils rissent

plus-que-parfait
que j' eusse ri
que tu eusses ri
qu' il eût ri
que nous eussions ri
que vous eussiez ri
qu' ils eussent ri

IMPERATIF

ris
rions
riez

PARTICIPE

présent
riant

passé
ri *(invariável)*

rompre

romper

Conjugado como *rendre* (n.º 60), exceto na 3.ª pessoa do singular do *présent*.

INDICATIF

présent
je romps
tu romps
il rompt
nous rompons
vous rompez
ils rompent

imparfait
je rompais
tu rompais
il rompait
nous rompions
vous rompiez
ils rompaient

passé simple
je rompis
tu rompis
il rompit
nous rompîmes
vous rompîtes
ils rompirent

futur simple
je romprai
tu rompras
il rompra
nous romprons
vous romprez
ils rompront

passé composé
j' ai rompu
tu as rompu
il a rompu
nous avons rompu
vous avez rompu
ils ont rompu

plus-que-parfait
j' avais rompu
tu avais rompu
il avait rompu
nous avions rompu
vous aviez rompu
ils avaient rompu

passé antérieur
j' eus rompu
tu eus rompu
il eut rompu
nous eûmes rompu
vous eûtes rompu
ils eurent rompu

futur antérieur
j' aurai rompu
tu auras rompu
il aura rompu
nous aurons rompu
vous aurez rompu
ils auront rompu

CONDITIONNEL

présent
je romprais
tu romprais
il romprait
nous romprions
vous rompriez
ils rompraient

passé
j' aurais rompu
tu aurais rompu
il aurait rompu
nous aurions rompu
vous auriez rompu
ils auraient rompu

SUBJONCTIF

présent
que je rompe
que tu rompes
qu' il rompe
que nous rompions
que vous rompiez
qu' ils rompent

passé
que j' aie rompu
que tu aies rompu
qu' il ait rompu
que nous ayons rompu
que vous ayez rompu
qu' ils aient rompu

imparfait
que je rompisse
que tu rompisses
qu' il rompît
que nous rompissions
que vous rompissiez
qu' ils rompissent

plus-que-parfait
que j' eusse rompu
que tu eusses rompu
qu' il eût rompu
que nous eussions rompu
que vous eussiez rompu
qu' ils eussent rompu

IMPERATIF

romps
rompons
rompez

PARTICIPE

présent   **passé**
rompant   rompu(e)

savoir
saber

3.º grupo

INDICATIF

présent
je sais
tu sais
il sait
nous savons
vous savez
ils savent

imparfait
je savais
tu savais
il savait
nous savions
vous saviez
ils savaient

passé simple
je sus
tu sus
il sut
nous sûmes
vous sûtes
ils surent

futur simple
je saurai
tu sauras
il saura
nous saurons
vous saurez
ils sauront

passé composé
j' ai su
tu as su
il a su
nous avons su
vous avez su
ils ont su

plus-que-parfait
j' avais su
tu avais su
il avait su
nous avions su
vous aviez su
ils avaient su

passé antérieur
j' eus su
tu eus su
il eut su
nous eûmes su
vous eûtes su
ils eurent su

futur antérieur
j' aurai su
tu auras su
il aura su
nous aurons su
vous aurez su
ils auront su

SUBJONCTIF

présent
que je sache
que tu saches
qu' il sache
que nous sachions
que vous sachiez
qu' ils sachent

passé
que j' aie su
que tu aies su
qu' il ait su
que nous ayons su
que vous ayez su
qu' ils aient su

imparfait
que je susse
que tu susses
qu' il sût
que nous sussions
que vous sussiez
qu' ils sussent

plus-que-parfait
que j' eusse su
que tu eusses su
qu' il eût su
que nous eussions su
que vous eussiez su
qu' ils eussent su

CONDITIONNEL

présent
je saurais
tu saurais
il saurait
nous saurions
vous sauriez
ils sauraient

passé
j' aurais su
tu aurais su
il aurait su
nous aurions su
vous auriez su
ils auraient su

IMPERATIF

sache
sachons
sachez

PARTICIPE

présent **passé**
sachant su(e)

3.º grupo

servir
servir

No singular do *indicatif présent* perde a consoante final do radical (aqui: **-v-**).

INDICATIF

présent
je sers
tu sers
il sert
nous servons
vous servez
ils servent

imparfait
je servais
tu servais
il servait
nous servions
vous serviez
ils servaient

passé simple
je servis
tu servis
il servit
nous servîmes
vous servîtes
ils servirent

futur simple
je servirai
tu serviras
il servira
nous servirons
vous servirez
ils serviront

passé composé
j' ai servi
tu as servi
il a servi
nous avons servi
vous avez servi
ils ont servi

plus-que-parfait
j' avais servi
tu avais servi
il avait servi
nous avions servi
vous aviez servi
ils avaient servi

passé antérieur
j' eus servi
tu eus servi
il eut servi
nous eûmes servi
vous eûtes servi
ils eurent servi

futur antérieur
j' aurai servi
tu auras servi
il aura servi
nous aurons servi
vous aurez servi
ils auront servi

CONDITIONNEL

présent
je servirais
tu servirais
il servirait
nous servirions
vous serviriez
ils serviraient

passé
j' aurais servi
tu aurais servi
il aurait servi
nous aurions servi
vous auriez servi
ils auraient servi

SUBJONCTIF

présent
que je serve
que tu serves
qu' il serve
que nous servions
que vous serviez
qu' ils servent

passé
que j' aie servi
que tu aies servi
qu' il ait servi
que nous ayons servi
que vous ayez servi
qu' ils aient servi

imparfait
que je servisse
que tu servisses
qu' il servît
que nous servissions
que vous servissiez
qu' ils servissent

plus-que-parfait
que j' eusse servi
que tu eusses servi
qu' il eût servi
que nous eussions servi
que vous eussiez servi
qu' ils eussent servi

IMPERATIF

sers
servons
servez

PARTICIPE

présent **passé**
servant servi (e)

suffire
bastar

3º grupo

INDICATIF

présent
je suffis
tu suffis
il suffit
nous suffisons
vous suffisez
ils suffisent

imparfait
je suffisais
tu suffisais
il suffisait
nous suffisions
vous suffisiez
ils suffisaient

passé simple
je suffis
tu suffis
il suffit
nous suffîmes
vous suffîtes
ils suffirent

futur simple
je suffirai
tu suffiras
il suffira
nous suffirons
vous suffirez
ils suffiront

passé composé
j' ai suffi
tu as suffi
il a suffi
nous avons suffi
vous avez suffi
ils ont suffi

plus-que-parfait
j' avais suffi
tu avais suffi
il avait suffi
nous avions suffi
vous aviez suffi
ils avaient suffi

passé antérieur
j' eus suffi
tu eus suffi
il eut suffi
nous eûmes suffi
vous eûtes suffi
ils eurent suffi

futur antérieur
j' aurai suffi
tu auras suffi
il aura suffi
nous aurons suffi
vous aurez suffi
ils auront suffi

CONDITIONNEL

présent
je suffirais
tu suffirais
il suffirait
nous suffirions
vous suffiriez
ils suffiraient

passé
j' aurais suffi
tu aurais suffi
il aurait suffi
nous aurions suffi
vous auriez suffi
ils auraient suffi

SUBJONCTIF

présent
que je suffise
que tu suffises
qu' il suffise
que nous suffisions
que vous suffisiez
qu' ils suffisent

passé
que j' aie suffi
que tu aies suffi
qu' il ait suffi
que nous ayons suffi
que vous ayez suffi
qu' ils aient suffi

imparfait
que je suffisse
que tu suffisses
qu' il suffît
que nous suffissions
que vous suffissiez
qu' ils suffissent

plus-que-parfait
que j' eusse suffi
que tu eusses suffi
qu' il eût suffi
que nous eussions suffi
que vous eussiez suffi
qu' ils eussent suffi

IMPERATIF

suffis
suffisons
suffisez

PARTICIPE

présent   **passé**
suffisant   suffi *(invariável)*

suivre
seguir

3º grupo

INDICATIF

présent
- je suis
- tu suis
- il suit
- nous suivons
- vous suivez
- ils suivent

imparfait
- je suivais
- tu suivais
- il suivait
- nous suivions
- vous suiviez
- ils suivaient

passé simple
- je suivis
- tu suivis
- il suivit
- nous suivîmes
- vous suivîtes
- ils suivirent

futur simple
- je suivrai
- tu suivras
- il suivra
- nous suivrons
- vous suivrez
- ils suivront

passé composé
- j' ai suivi
- tu as suivi
- il a suivi
- nous avons suivi
- vous avez suivi
- ils ont suivi

plus-que-parfait
- j' avais suivi
- tu avais suivi
- il avait suivi
- nous avions suivi
- vous aviez suivi
- ils avaient suivi

passé antérieur
- j' eus suivi
- tu eus suivi
- il eut suivi
- nous eûmes suivi
- vous eûtes suivi
- ils eurent suivi

futur antérieur
- j' aurai suivi
- tu auras suivi
- il aura suivi
- nous aurons suivi
- vous aurez suivi
- ils auront suivi

SUBJONCTIF

présent
- que je suive
- que tu suives
- qu' il suive
- que nous suivions
- que vous suiviez
- qu' ils suivent

passé
- que j' aie suivi
- que tu aies suivi
- qu' il ait suivi
- que nous ayons suivi
- que vous ayez suivi
- qu' ils aient suivi

imparfait
- que je suivisse
- que tu suivisses
- qu' il suivît
- que nous suivissions
- que vous suivissiez
- qu' ils suivissent

plus-que-parfait
- que j' eusse suivi
- que tu eusses suivi
- qu' il eût suivi
- que nous eussions suivi
- que vous eussiez suivi
- qu' ils eussent suivi

CONDITIONNEL

présent
- je suivrais
- tu suivrais
- il suivrait
- nous suivrions
- vous suivriez
- ils suivraient

passé
- j' aurais suivi
- tu aurais suivi
- il aurait suivi
- nous aurions suivi
- vous auriez suivi
- ils auraient suivi

IMPERATIF

- suis
- suivons
- suivez

PARTICIPE

présent
- suivant

passé
- suivi(e)

traire
ordenhar

3º grupo

-i- → -y- antes de desinência tônica iniciada por vogal.

INDICATIF

présent
- je trais
- tu trais
- il trait
- nous trayons
- vous trayez
- ils traient

imparfait
- je trayais
- tu trayais
- il trayait
- nous trayions
- vous trayiez
- ils trayaient

passé simple
- —
- —
- —
- —
- —
- —

futur simple
- je trairai
- tu trairas
- il traira
- nous trairons
- vous trairez
- ils trairont

passé composé
- j' ai trait
- tu as trait
- il a trait
- nous avons trait
- vous avez trait
- ils ont trait

plus-que-parfait
- j' avais trait
- tu avais trait
- il avait trait
- nous avions trait
- vous aviez trait
- ils avaient trait

passé antérieur
- j' eus trait
- tu eus trait
- il eut trait
- nous eûmes trait
- vous eûtes trait
- ils eurent trait

futur antérieur
- j' aurai trait
- tu auras trait
- il aura trait
- nous aurons trait
- vous aurez trait
- ils auront trait

SUBJONCTIF

présent
- que je traie
- que tu traies
- qu' il traie
- que nous trayions
- que vous trayiez
- qu' ils traient

passé
- que j' aie trait
- que tu aies trait
- qu' il ait trait
- que nous ayons trait
- que vous ayez trait
- qu' ils aient trait

imparfait
- —
- —
- —
- —
- —
- —

plus-que-parfait
- que j' eusse trait
- que tu eusses trait
- qu' il eût trait
- que nous eussions trait
- que vous eussiez trait
- qu' ils eussent trait

CONDITIONNEL

présent
- je trairais
- tu trairais
- il trairait
- nous trairions
- vous trairiez
- ils trairaient

passé
- j' aurais trait
- tu aurais trait
- il aurait trait
- nous aurions trait
- vous auriez trait
- ils auraient trait

IMPERATIF

- trais
- trayons
- trayez

PARTICIPE

présent
- trayant

passé
- trait(e)

vaincre

vencer

3º grupo

-c- → **-qu-** antes de vogal (exceção: *participe passé*).

INDICATIF

présent
je vaincs
tu vaincs
il vainc
nous vainquons
vous vainquez
ils vainquent

imparfait
je vainquais
tu vainquais
il vainquait
nous vainquions
vous vainquiez
ils vainquaient

passé simple
je vainquis
tu vainquis
il vainquit
nous vainquîmes
vous vainquîtes
ils vainquirent

futur simple
je vaincrai
tu vaincras
il vaincra
nous vaincrons
vous vaincrez
ils vaincront

passé composé
j' ai vaincu
tu as vaincu
il a vaincu
nous avons vaincu
vous avez vaincu
ils ont vaincu

plus-que-parfait
j' avais vaincu
tu avais vaincu
il avait vaincu
nous avions vaincu
vous aviez vaincu
ils avaient vaincu

passé antérieur
j' eus vaincu
tu eus vaincu
il eut vaincu
nous eûmes vaincu
vous eûtes vaincu
ils eurent vaincu

futur antérieur
j' aurai vaincu
tu auras vaincu
il aura vaincu
nous aurons vaincu
vous aurez vaincu
ils auront vaincu

CONDITIONNEL

présent
je vaincrais
tu vaincrais
il vaincrait
nous vaincrions
vous vaincriez
ils vaincraient

passé
j' aurais vaincu
tu aurais vaincu
il aurait vaincu
nous aurions vaincu
vous auriez vaincu
ils auraient vaincu

SUBJONCTIF

présent
que je vainque
que tu vainques
qu' il vainque
que nous vainquions
que vous vainquiez
qu' ils vainquent

passé
que j' aie vaincu
que tu aies vaincu
qu' il ait vaincu
que nous ayons vaincu
que vous ayez vaincu
qu' ils aient vaincu

imparfait
que je vainquisse
que tu vainquisses
qu' il vainquît
que nous vainquissions
que vous vainquissiez
qu' ils vainquissent

plus-que-parfait
que j' eusse vaincu
que tu eusses vaincu
qu' il eût vaincu
que nous eussions vaincu
que vous eussiez vaincu
qu' ils eussent vaincu

IMPERATIF

vaincs
vainquons
vainquez

PARTICIPE

présent   **passé**
vainquant   vaincu(e)

valoir
valer

3.º grupo

INDICATIF

présent
- je vaux
- tu vaux
- il vaut
- nous valons
- vous valez
- ils valent

passé composé
- j' ai valu
- tu as valu
- il a valu
- nous avons valu
- vous avez valu
- ils ont valu

imparfait
- je valais
- tu valais
- il valait
- nous valions
- vous valiez
- ils valaient

plus-que-parfait
- j' avais valu
- tu avais valu
- il avait valu
- nous avions valu
- vous aviez valu
- ils avaient valu

passé simple
- je valus
- tu valus
- il valut
- nous valûmes
- vous valûtes
- ils valurent

passé antérieur
- j' eus valu
- tu eus valu
- il eut valu
- nous eûmes valu
- vous eûtes valu
- ils eurent valu

futur simple
- je vaudrai
- tu vaudras
- il vaudra
- nous vaudrons
- vous vaudrez
- ils vaudront

futur antérieur
- j' aurai valu
- tu auras valu
- il aura valu
- nous aurons valu
- vous aurez valu
- ils auront valu

CONDITIONNEL

présent
- je vaudrais
- tu vaudrais
- il vaudrait
- nous vaudrions
- vous vaudriez
- ils vaudraient

passé
- j' aurais valu
- tu aurais valu
- il aurait valu
- nous aurions valu
- vous auriez valu
- ils auraient valu

SUBJONCTIF

présent
- que je vaille
- que tu vailles
- qu' il vaille
- que nous valions
- que vous valiez
- qu' ils vaillent

passé
- que j' aie valu
- que tu aies valu
- qu' il ait valu
- que nous ayons valu
- que vous ayez valu
- qu' ils aient valu

imparfait
- que je valusse
- que tu valusses
- qu' il valût
- que nous valussions
- que vous valussiez
- qu' ils valussent

plus-que-parfait
- que j' eusse valu
- que tu eusses valu
- qu' il eût valu
- que nous eussions valu
- que vous eussiez valu
- qu' ils eussent valu

IMPERATIF
- vaux
- valons
- valez

PARTICIPE

présent
valant

passé
valu(e)

venir
vir

3º grupo

INDICATIF

présent
- je viens
- tu viens
- il vient
- nous venons
- vous venez
- ils viennent

imparfait
- je venais
- tu venais
- il venait
- nous venions
- vous veniez
- ils venaient

passé simple
- je vins
- tu vins
- il vint
- nous vînmes
- vous vîntes
- ils vinrent

futur simple
- je viendrai
- tu viendras
- il viendra
- nous viendrons
- vous viendrez
- ils viendront

passé composé
- je suis venu
- tu es venu
- il est venu
- nous sommes venus
- vous êtes venus
- ils sont venus

plus-que-parfait
- j' étais venu
- tu étais venu
- il était venu
- nous étions venus
- vous étiez venus
- ils étaient venus

passé antérieur
- je fus venu
- tu fus venu
- il fut venu
- nous fûmes venus
- vous fûtes venus
- ils furent venus

futur antérieur
- je serai venu
- tu seras venu
- il sera venu
- nous serons venus
- vous serez venus
- ils seront venus

SUBJONCTIF

présent
- que je vienne
- que tu viennes
- qu' il vienne
- que nous venions
- que vous veniez
- qu' ils viennent

passé
- que je sois venu
- que tu sois venu
- qu' il soit venu
- que nous soyons venus
- que vous soyez venus
- qu' ils soient venus

imparfait
- que je vinsse
- que tu vinsses
- qu' il vînt
- que nous vinssions
- que vous vinssiez
- qu' ils vinssent

plus-que-parfait
- que je fusse venu
- que tu fusses venu
- qu' il fût venu
- que nous fussions venus
- que vous fussiez venus
- qu' ils fussent venus

CONDITIONNEL

présent
- je viendrais
- tu viendrais
- il viendrait
- nous viendrions
- vous viendriez
- ils viendraient

passé
- je serais venu
- tu serais venu
- il serait venu
- nous serions venus
- vous seriez venus
- ils seraient venus

IMPERATIF

- viens
- venons
- venez

PARTICIPE

présent — venant

passé — venu(e)

vêtir
vestir

3º grupo

O acento circunflexo se mantém em todas as formas.

INDICATIF

présent
- je vêts
- tu vêts
- il vêt
- nous vêtons
- vous vêtez
- ils vêtent

passé composé
- j' ai vêtu
- tu as vêtu
- il a vêtu
- nous avons vêtu
- vous avez vêtu
- ils ont vêtu

imparfait
- je vêtais
- tu vêtais
- il vêtait
- nous vêtions
- vous vêtiez
- ils vêtaient

plus-que-parfait
- j' avais vêtu
- tu avais vêtu
- il avait vêtu
- nous avions vêtu
- vous aviez vêtu
- ils avaient vêtu

passé simple
- je vêtis
- tu vêtis
- il vêtit
- nous vêtîmes
- vous vêtîtes
- ils vêtirent

passé antérieur
- j' eus vêtu
- tu eus vêtu
- il eut vêtu
- nous eûmes vêtu
- vous eûtes vêtu
- ils eurent vêtu

futur simple
- je vêtirai
- tu vêtiras
- il vêtira
- nous vêtirons
- vous vêtirez
- ils vêtiront

futur antérieur
- j' aurai vêtu
- tu auras vêtu
- il aura vêtu
- nous aurons vêtu
- vous aurez vêtu
- ils auront vêtu

CONDITIONNEL

présent
- je vêtirais
- tu vêtirais
- il vêtirait
- nous vêtirions
- vous vêtiriez
- ils vêtiraient

passé
- j' aurais vêtu
- tu aurais vêtu
- il aurait vêtu
- nous aurions vêtu
- vous auriez vêtu
- ils auraient vêtu

SUBJONCTIF

présent
- que je vête
- que tu vêtes
- qu' il vête
- que nous vêtions
- que vous vêtiez
- qu' ils vêtent

passé
- que j' aie vêtu
- que tu aies vêtu
- qu' il ait vêtu
- que nous ayons vêtu
- que vous ayez vêtu
- qu' ils aient vêtu

imparfait
- que je vêtisse
- que tu vêtisses
- qu' il vêtît
- que nous vêtissions
- que vous vêtissiez
- qu' ils vêtissent

plus-que-parfait
- que j' eusse vêtu
- que tu eusses vêtu
- qu' il eût vêtu
- que nous eussions vêtu
- que vous eussiez vêtu
- qu' ils eussent vêtu

IMPERATIF

- vêts
- vêtons
- vêtez

PARTICIPE

présent
- vêtant

passé
- vêtu(e)

3º grupo

vivre
viver

INDICATIF

présent
je vis
tu vis
il vit
nous vivons
vous vivez
ils vivent

imparfait
je vivais
tu vivais
il vivait
nous vivions
vous viviez
ils vivaient

passé simple
je vécus
tu vécus
il vécut
nous vécûmes
vous vécûtes
ils vécurent

futur simple
je vivrai
tu vivras
il vivra
nous vivrons
vous vivrez
ils vivront

passé composé
j' ai vécu
tu as vécu
il a vécu
nous avons vécu
vous avez vécu
ils ont vécu

plus-que-parfait
j' avais vécu
tu avais vécu
il avait vécu
nous avions vécu
vous aviez vécu
ils avaient vécu

passé antérieur
j' eus vécu
tu eus vécu
il eut vécu
nous eûmes vécu
vous eûtes vécu
ils eurent vécu

futur antérieur
j' aurai vécu
tu auras vécu
il aura vécu
nous aurons vécu
vous aurez vécu
ils auront vécu

SUBJONCTIF

présent
que je vive
que tu vives
qu' il vive
que nous vivions
que vous viviez
qu' ils vivent

passé
que j' aie vécu
que tu aies vécu
qu' il ait vécu
que nous ayons vécu
que vous ayez vécu
qu' ils aient vécu

imparfait
que je vécusse
que tu vécusses
qu' il vécût
que nous vécussions
que vous vécussiez
qu' ils vécussent

plus-que-parfait
que j' eusse vécu
que tu eusses vécu
qu' il eût vécu
que nous eussions vécu
que vous eussiez vécu
qu' ils eussent vécu

CONDITIONNEL

présent
je vivrais
tu vivrais
il vivrait
nous vivrions
vous vivriez
ils vivraient

passé
j' aurais vécu
tu aurais vécu
il aurait vécu
nous aurions vécu
vous auriez vécu
ils auraient vécu

IMPERATIF

vis
vivons
vivez

PARTICIPE

présent **passé**
vivant vécu(e)

voir
ver

3.º grupo

INDICATIF

présent
- je vois
- tu vois
- il voit
- nous voyons
- vous voyez
- ils voient

passé composé
- j' ai vu
- tu as vu
- il a vu
- nous avons vu
- vous avez vu
- ils ont vu

imparfait
- je voyais
- tu voyais
- il voyait
- nous voyions
- vous voyiez
- ils voyaient

plus-que-parfait
- j' avais vu
- tu avais vu
- il avait vu
- nous avions vu
- vous aviez vu
- ils avaient vu

passé simple
- je vis
- tu vis
- il vit
- nous vîmes
- vous vîtes
- ils virent

passé antérieur
- j' eus vu
- tu eus vu
- il eut vu
- nous eûmes vu
- vous eûtes vu
- ils eurent vu

futur simple
- je verrai
- tu verras
- il verra
- nous verrons
- vous verrez
- ils verront

futur antérieur
- j' aurai vu
- tu auras vu
- il aura vu
- nous aurons vu
- vous aurez vu
- ils auront vu

CONDITIONNEL

présent
- je verrais
- tu verrais
- il verrait
- nous verrions
- vous verriez
- ils verraient

passé
- j' aurais vu
- tu aurais vu
- il aurait vu
- nous aurions vu
- vous auriez vu
- ils auraient vu

SUBJONCTIF

présent
- que je voie
- que tu voies
- qu' il voie
- que nous voyions
- que vous voyiez
- qu' ils voient

passé
- que j' aie vu
- que tu aies vu
- qu' il ait vu
- que nous ayons vu
- que vous ayez vu
- qu' ils aient vu

imparfait
- que je visse
- que tu visses
- qu' il vît
- que nous vissions
- que vous vissiez
- qu' ils vissent

plus-que-parfait
- que j' eusse vu
- que tu eusses vu
- qu' il eût vu
- que nous eussions vu
- que vous eussiez vu
- qu' ils eussent vu

IMPERATIF
- vois
- voyons
- voyez

PARTICIPE

présent   **passé**
voyant   vu(e)

vouloir

querer

3.º grupo

INDICATIF

présent
je veux
tu veux
il veut
nous voulons
vous voulez
ils veulent

imparfait
je voulais
tu voulais
il voulait
nous voulions
vous vouliez
ils voulaient

passé simple
je voulus
tu voulus
il voulut
nous voulûmes
vous voulûtes
ils voulurent

futur simple
je voudrai
tu voudras
il voudra
nous voudrons
vous voudrez
ils voudront

passé composé
j' ai voulu
tu as voulu
il a voulu
nous avons voulu
vous avez voulu
ils ont voulu

plus-que-parfait
j' avais voulu
tu avais voulu
il avait voulu
nous avions voulu
vous aviez voulu
ils avaient voulu

passé antérieur
j' eus voulu
tu eus voulu
il eut voulu
nous eûmes voulu
vous eûtes voulu
ils eurent voulu

futur antérieur
j' aurai voulu
tu auras voulu
il aura voulu
nous aurons voulu
vous aurez voulu
ils auront voulu

CONDITIONNEL

présent
je voudrais
tu voudrais
il voudrait
nous voudrions
vous voudriez
ils voudraient

passé
j' aurais voulu
tu aurais voulu
il aurait voulu
nous aurions voulu
vous auriez voulu
ils auraient voulu

SUBJONCTIF

présent
que je veuille
que tu veuilles
qu' il veuille
que nous voulions
que vous vouliez
qu' ils veuillent

passé
que j' aie voulu
que tu aies voulu
qu' il ait voulu
que nous ayons voulu
que vous ayez voulu
qu' ils aient voulu

imparfait
que je voulusse
que tu voulusses
qu' il voulût
que nous voulussions
que vous voulussiez
qu' ils voulussent

plus-que-parfait
que j' eusse voulu
que tu eusses voulu
qu' il eût voulu
que nous eussions voulu
que vous eussiez voulu
qu' ils eussent voulu

IMPERATIF

veux / veuille
voulons / veuillons
voulez / veuillez

PARTICIPE

présent   **passé**
voulant   voulu(e)

Verbos defectivos

Muitos verbos franceses são empregados apenas em alguns tempos ou em algumas pessoas de um determinado tempo. Seguem-se os mais importantes:

bruire
fazer ruído, ressoar

ind. présent: ..... il bruit, ils bruissent
imparfait: .... il bruissait, ils bruissaient
subj. présent: .... qu'il bruisse, qu'ils bruissent
part. présent: .... bruissant

choir
cair

empregado sobretudo no *infinitif* na locução *laisser choir*
ind. présent: ...... je chois, tu chois, il choit, ils choient
passé simple: .... je chus, tu chus, il chut, nous chûmes, vous chûtes, ils churent
cond. présent: ... je choirais, tu choirais, il choirait, nous choirions, vous choiriez, ils choiraient
part. passé: .... chu(e)
+ tempos compostos com *être* (às vezes com *avoir*)

clore
fechar

ind. présent: ...... je clos, tu clos, il clôt, ils closent
futur simple: ..... je clorai, tu cloras, il clora, nous clorons, vous clorez, ils cloront
cond. présent: ... je clorais, tu clorais, il clorait, nous clorions, vous cloriez, ils cloraient
subj. présent: .... que je close, que tu closes, qu'il close, que nous closions, que vous closiez, qu'ils closent
part. passé: .... clos(e)
+ tempos compostos com *avoir*

déchoir
decair

empregado sobretudo no *infinitif* e no *part. passé*
ind. présent: ...... je déchois, tu déchois, il déchoit, nous déchoyons, vous déchoyez, ils déchoient
passé simple: .... je déchus, tu déchus, il déchut, nous déchûmes, vous déchûtes, ils déchurent
futur simple: ..... je déchoirai, tu déchoiras, il déchoira, nous déchoirons, vous déchoirez, ils déchoiront
cond. présent: ... je déchoirais, tu déchoirais, il déchoirait, nous déchoirions, vous déchoiriez, ils déchoiraient
subj. présent: .... que je déchoie, que tu déchoies, qu'il déchoie, que nous déchoyions, que vous déchoyiez, qu'ils déchoient
subj. imparfait: . que je déchusse, que tu déchusses, qu'il déchût, que nous déchussions, que vous déchussiez, qu'ils déchussent
part. passé: .... déchu(e)
+ tempos compostos com *avoir* ou *être*

échoir fracassar	**ind. présent:**...... il échoit, ils échoient **imparfait:** .... il échoyait, ils échoyaient **passé simple:** .... il échut, ils échurent **futur simple:** ..... il échoira, ils échoiront **cond. présent:**... il échoirait, ils échoiraient **subj. présent:**.... qu'il échoie, qu'ils échoient **subj. imparfait:** . qu'il échût, qu'ils échussent **part. présent:**.... échéant **part. passé:** .... échu(e) + tempos compostos com *être* ou *avoir*
éclore desabrochar	**ind. présent:**...... il éclôt / il éclot, ils éclosent Os demais tempos como *clore*, mas só na 3.ª pessoa do singular e do plural dos tempos compostos com *être* (às vezes com *avoir*)
s'ensuivre resultar, seguir-se	**ind. présent:**...... il s'ensuit **imparfait:** .... il s'ensuivait **passé simple:** .... il s'ensuivit **futur simple:** ..... il s'ensuivra **cond. présent:**... il s'ensuivrait **passé composé:** il s'est ensuivi / il s'en est suivi **subj. présent:**.... qu'il s'ensuive **subj. imparfait:** . qu'il s'ensuivît + outros tempos compostos (a primeira sílaba *en-* pode ser separada como no *passé composé*)
faillir sentido de quase (fazer ou acontecer)	empregado sobretudo no *infinitif,* no *passé simple* e nos tempos compostos **ind. présent, imparfait, futur simple, cond. présent:** como *finir* (n.º 16) **passé simple:** .... je faillis, tu faillis, il faillit, nous faillîmes, vous faillîtes, ils faillirent **part. présent:**.... faillant **part. passé:** .... failli + tempos compostos com *avoir*
frire fritar	**ind. présent:**...... je fris, tu fris, il frit **futur simple:** ..... je frirai, tu friras, il frira, nous frirons, vous frirez, ils friront **cond. présent:**... je frirais, tu frirais, il frirait, nous fririons, vous fririez, ils friraient **impératif:** .... fris **part. passé:** .... frit(e) + tempos compostos com *avoir* para os demais tempos usa-se *faire frire*

gésir jazer	**ind. présent:**...... je gis, tu gis, il gît, nous gisons, vous gisez, ils gisent **imparfait:** .... je gisais, tu gisais, il gisait, nous gisions, vous gisiez, ils gisaient **part. présent:** .... gisant
ouïr ouvir	**part. passé:** .... ouï(e) + tempos compostos com *avoir*
paître pastar, alimentar, levar para pastar	**ind. présent:**...... je pais, tu pais, il paît, nous paissons, vous paissez, ils paissent **imparfait:** .... je paissais, tu paissais, il paissait, nous paissions, vous paissiez, ils paissaient **futur simple:** ..... je paîtrai, tu paîtras, il paîtra, nous paîtrons, vous paîtrez, ils paîtront **cond. présent:**... je paîtrais, tu paîtrais, il paîtrait, nous paîtrions, vous paîtriez, ils paîtraient **subj. présent:** .... que je paisse, que tu paisses, qu'il paisse, que nous paissions, que vous paissiez, qu'ils paissent **part. présent:** .... paissant
poindre botar	**ind. présent:**...... il point **imparfait:** .... il poignait **futur simple:** ..... il poindra **cond. présent:**... il poindrait **part. présent:** .... poignant
quérir investigar, procurar	empregado só no *infinitif* depois de *aller, envoyer, faire* e *venir*
seoir estar sentado, estar instalado	**ind. présent:**...... il sied, ils siéent **imparfait:** .... il seyait, ils seyaient **futur simple:** ..... il siéra, ils siéront **cond. présent:**... il siérait, ils siéraient **subj. présent:** .... qu'il siée, qu'ils siéent **part. présent:** .... seyant

Lista de verbos em ordem alfabética

Segue-se uma lista, em ordem alfabética, dos principais verbos franceses regulares e irregulares. Ao lado de alguns verbos cuja regência possa apresentar dificuldades, consta a preposição que os rege.

O número colocado ao lado de cada verbo indica a conjugação deste livro cujo modelo ele segue. Esses verbos-modelo estão grafados em azul. Os verbos defectivos, cuja conjugação se encontra nas pp. 85-7, estão indicados pela abreviatura *déf*.

Os verbos cujos tempos compostos são conjugados com auxílio do verbo *être* são indicados por uma estrela azul (*); os verbos cujos tempos compostos são conjugados alternativamente com *avoir* ou *être* são indicados por uma estrela preta (*). Os verbos que também podem ser pronominais estão indicados pelo pronome *se* (ou *s'*). Note-se que os verbos pronominais, nos tempos compostos, são conjugados com o auxiliar *être*.

Legendas das abreviaturas utilizadas:
⊖ = não há
qc = *quelque chose* (alguma coisa)
qn = *quelqu'un* (alguém)
cond. = *conditionnel*
fut. = *futur simple*
imp. = *imparfait*

p.p. = *participe passé*
p.p. inv. = *participe passé invariable* (particípio passado invariável)
p.s. = *passé simple*
prés. = *présent*
subj. = *subjonctif*

A

abattre (s'... sur) 23
abolir 16
aboutir *p.p. inv.* 16
aboyer 14
abréger . . . . . . 7 + 12
abroger 7
abrutir 16
absoudre 17
abstenir (s'... de) 70
abstraire 67
accéder 12
accélérer 12
accomplir 16
accourir * 29
accroître 18
accroupir (s') 16
accueillir 34
acérer 12
acheter 11
achever 11
acquérir 19
acquiescer 6
adhérer *p.p. inv.* 12
adjoindre 44
adjuger 7

admettre 46
adoucir 16
advenir * 70
aérer (s') 12
affaiblir (s') 16
affermir 16
affilier à (s'... à) 4
affliger (s'... de) 7
affranchir (s'... de) 16
affréter 12
agacer 6
agencer 6
agglomérer 12
agir (s'agir de: *p.p. inv.*) . 16
agrandir (s') 16
agréer 5
aguerrir 16
ahurir 16
aigrir 16
aliéner 12
allécher 12
alléger . . . . . . 7 + 12
alléguer 12
aller * 20
allier * qc à/avec qc
(s'... à qn) 4
allonger (s') 7

alourdir 16
altérer 12
alunir * 16
amaigrir 16
aménager 7
amener 11
amerrir * *p.p. inv.* . . . 16
amincir 16
amnistier 4
amoindrir 16
amollir 16
amonceler (s') 8
amorcer 6
amortir 16
amplifier 4
anéantir 16
anémier 4
anesthésier 4
annoncer 6
anoblir 16
apercevoir (s'... de qc) . . 59
apitoyer (s'... sur) 14
aplanir 16
aplatir 16
apparaître * 27
apparier 4
appartenir 70

appauvrir (s')	. . . . . .	16
appeler	. . . .	8
appesantir (s'... sur qc)	.	16
applaudir qn	. . . . .	16
apprécier	. . . .	4
apprendre	. . . .	57
approfondir	. . . . . .	16
approprier (s')	. . . . .	4
appuyer	. . . .	14
arranger	. . . .	7
arroger * (s')	. . . . . .	7
arrondir	. . . .	16
asperger (s')	. . . . . .	7
asphyxier	. . . .	4
assagir	. . . .	16
assaillir	. . . .	21
assainir	. . . .	16
assécher	. . . .	12
assener	. . . .	11
asséner	. . . .	12
asseoir (s'...)	. . . . . .	22
asservir	. . . .	16
assiéger	. . . . . . 7 + 12
associer	. . . .	4
assombrir	. . . .	16
assortir	. . . .	16
assoupir (s')	. . . . . .	16
assouplir	. . . .	16
assourdir	. . . .	16
assouvir	. . . .	16
assujettir	. . . .	16
astreindre	. . . .	52
atrophier (s')	. . . . . .	4
atteindre	. . . .	52
atteler	. . . .	8
attendre (s'... à)	. . . . .	60
attendrir	. . . .	16
atterrir * p.p. inv.	. . . .	16
authentifier	. . . . . .	4
autofinancer (s')	. . . . .	6
autopsier	. . . .	4
avancer (s')	. . . . . .	6
avantager	. . . .	7
avarier	. . . .	4
avérer (s')	. . . .	12
avertir qn de qc	. . . . .	16
avoir	. . . .	1

B

balancer (se)	. . . . . .	6
balayer	. . . .	13
balbutier	. . . .	4
bannir	. . . .	16
banqueter	. . . .	9
bâtir	. . . .	16

battre (se)	. . . . . .	23
béatifier	. . . .	4
becqueter	. . . .	9
bégayer	. . . .	13
bégueter	. . . .	11
bénéficier de qc, p.p. inv.		4
bénir	. . . .	16
bercer	. . . .	6
bêtifier p.p. inv.	. . . . .	4
blanchir	. . . .	16
blasphémer	. . . . . .	12
blêmir	. . . .	16
bleuir	. . . .	16
blondir	. . . .	16
blottir (se)	. . . . . .	16
boire dans qc	. . . . . .	24
bondir	. . . .	16
bonifier (se)	. . . . . .	4
bosseler	. . . .	8
bouger	. . . .	7
bouillir	. . . .	25
bourreler	. . . .	8
brandir	. . . .	16
breveter	. . . .	9
broyer	. . . .	14
bruire	. . . .	déf.
brunir p.p. inv.	. . . . .	16

C

cacheter	. . . .	9
calomnier	. . . .	4
caqueter	. . . .	9
carreler	. . . .	8
cartographier	. . . . . .	4
céder	. . . .	12
ceindre	. . . .	52
célébrer	. . . .	12
celer	. . . .	10
certifier	. . . .	4
chanceler p.p. inv.	. . . .	8
changer * (se)	. . . . . .	7
charger (se ... de)	. . . .	7
charrier	. . . .	4
charroyer	. . . .	14
chatoyer p.p. inv.	. . . .	14
chérir	. . . .	16
chier	. . . .	4
choir	. . . .	déf.
choisir	. . . .	16
chorégraphier	. . . . . .	4
choyer	. . . .	14
chronométrer	. . . . . .	12
circoncire p.p.: circoncis	.	65
circonscrire	. . . . . .	38
circonvenir qn	. . . . .	70

ciseler	. . . .	10
clarifier	. . . .	4
classifier	. . . .	4
cliqueter p.p. inv.	. . . .	9
clore	. . . .	déf.
codifier	. . . .	4
cogérer	. . . .	12
coincer	. . . .	6
colleter	. . . .	9
colorier	. . . .	4
combattre	. . . .	23
commencer	. . . . . .	6
commercer p.p. inv.	. . .	6
commettre	. . . .	46
communier	. . . .	4
comparaître p.p. inv.	. . .	27
compatir à, p.p. inv.	. . .	16
complaire (se)	. . . . . .	53
compléter	. . . .	12
comprendre	. . . .	57
compromettre	. . . . . .	46
concéder	. . . .	12
concevoir	. . . .	59
concilier	. . . .	4
conclure	. . . .	39
concourir à, p.p. inv.	. . .	29
condescendre à	. . . . .	60
conduire	. . . .	26
conférer	. . . .	12
confier	. . . .	4
confondre	. . . .	60
congédier	. . . .	4
congeler	. . . .	10
conglomérer	. . . . . .	12
conjoindre	. . . .	44
connaître	. . . .	27
conquérir	. . . .	19
consentir	. . . .	51
considérer	. . . .	12
construire	. . . .	26
contenir	. . . .	70
contraindre	. . . .	31
contrarier	. . . .	4
contredire qn/qc, prés.:		
(vous) contredisez	. . .	36
contrefaire	. . . .	40
contrevenir à qc, p.p. inv.		70
convaincre qn de qc	. . .	68
convenir * de	. . . . . .	70
converger p.p. inv.	. . . .	7
convertir	. . . .	16
convier qn à qc	. . . . .	4
convoyer	. . . .	14
coopérer à qc, p.p. inv.	. .	12
copier	. . . .	4
corréler	. . . .	12
correspondre	. . . . . .	60

corriger	7
corrompre	62
corseter	11
côtoyer	14
coudoyer	14
coudre	28
courir	29
courroucer	6
couvrir *de qc*	30
craindre *qn/qc*	31
craqueler	8
craqueter *p.p. inv.*	9
créer	5
créneler	8
crever *	11
crier *p.p. inv.*	4
crocheter	11
croire *qn*	32
croître *p.p. inv.*	33
croupir *	16
crucifier	4
cueillir	34
cuire	26

D

dactylographier	4
débattre	23
déblatérer *p.p. inv.*	12
déblayer	13
débrayer *p.p. inv.*	13
décacheter	9
décalcifier	4
décéder *	12
déceler	10
décélérer *p.p. inv.*	12
décevoir	59
décharger	7
déchiqueter	9
déchoir *	*déf.*
déclore *como* clore, *nur p.p.*	*déf.*
décolérer *p.p. inv.*	12
décongeler	10
déconsidérer	12
décontenancer	6
découdre	28
décourager	7
découvrir	30
décrépir	16
décréter	12
décrier	4
décrire	38
décroître * *p.p. inv.*	18
dédicacer	6
dédier	4

dédire *(se), prés.:* (vous) *dédisez*	36
dédommager	7
déduire	26
défaillir *p.p. inv.*	21
défaire	40
défendre	60
déférer *à*	12
déficeler	8
défier	4
définir	16
défleurir	16
défoncer	6
défrayer	13
défroncer	6
dégager	7
dégarnir	16
dégeler *	10
dégénérer * *p.p. inv.*	12
déglutir	16
dégorger	7
dégourdir	16
dégrever	11
dégrossir	16
déguerpir *p.p. inv.*	16
déifier	4
déjeter	9
délayer	13
déléguer	12
délibérer *p.p. inv.*	12
délier	4
déloger	7
démanger	7
démanteler	10
déménager * *p.p. inv.*	7
démener *(se)*	11
démentir	51
démettre *(de)*	46
démolir	16
démordre *p.p. inv.*	60
démunir	16
dénazifier	4
dénier	4
déniveler	8
dénoncer *(se)*	6
déparier	4
départager	7
départir *(se ... de qc)*	51
dépecer	6 + 11
dépeindre	52
dépendre *de qn/qc*	60
dépérir *p.p. inv.*	16
déplacer	6
déplaire	53
déplier	4
déployer	14
dépolir	16

déposséder	12
dépoussiérer	12
déprécier	4
déprendre *(se ... de)*	57
dépuceler	8
déranger	7
dérégler *(se)*	12
déroger *à, p.p. inv.*	7
désagréger	7 + 12
désaltérer	12
désamorcer	6
désapprendre	57
désavantager	7
descendre *	60
désensorceler	8
désespérer	12
désintégrer	12
désobéir *p.p. inv., passif:* elle a été désobéie	16
dessécher	12
dessemeler	8
desservir	64
désunir	16
déteindre	52
dételer	8
détendre	60
détenir	70
détordre	60
détruire *(se)*	26
devancer *qn/qc*	6
devenir *	70
dévêtir *(se)*	71
dévier	4
dévisager	7
devoir	35
dévoyer	14
différencier	4
différer	12
digérer	12
dire	36
diriger	7
disconvenir * *p.p. inv.*	70
discourir	29
disgracier	4
disjoindre	44
disparaître *	27
disqualifier	4
disséquer	12
dissocier	4
dissoudre *(se)*	17
distancer	6
distancier	4
distendre	60
distraire *(se)*	67
diverger	7
diversifier	4
divertir *(se)*	16

divorcer * *p.p. inv.* 6	enclore *como* clore,	ériger *en* 7
domicilier 4	prés.: *il enclot* . . . . .*déf.*	espacer 6
dormir *p.p. inv.* 37	encourager 7	espérer 12
durcir 16	encourir 29	essayer 13
	endommager 7	essuyer 14
E	endormir *(s')* 37	estourbir 16
	enduire *(s')* 26	estropier 4
	endurcir *(s')* 16	établir 16
ébattre * *(s')* 23	enfoncer *(s')* 6	étager 7
éblouir 16	enfouir *(s')* 16	étayer 13
écarteler 10	enfreindre 52	éteindre *(s')* 52
écerveler 8	enfuir *(s')* 42	étendre *(s')* 60
échanger 7	engager *(s')* 7	étinceler *p.p. inv.* 8
écheveler 8	engloutir 16	étiqueter 9
échoir . . . .*déf.*	engorger 7	étourdir 16
éclaircir 16	engourdir 16	être *p.p. inv.* 2
éclore * . . . .*déf.*	enhardir *(s')* 16	étreindre 52
éconduire 26	enjoindre 44	étudier 4
écorcer 6	enlacer 6	évanouir *(s')* 16
écrémer 12	enlaidir 16	évincer 6
écrier *(s')* 4	enlever 11	exagérer 12
écrire 38	ennoblir 16	exaspérer 12
édifier 4	ennuyer *(s'... de qc/qn)* . 14	exaucer 6
effacer *(s')* 6	énoncer 6	excéder 12
efforcer *(s'... de)* 6	enorgueillir *(s'... de qc)* . 16	exclure 39
effranger *(s')* 7	enquérir *(s'... de qn/qc)* . 19	excommunier 4
effrayer *(s'... de)* 13	enrager *p.p. inv.* 7	exercer *(s'... à)* 6
égayer 13	enrayer 13	exiger 7
égorger 7	enrichir *(s')* 16	exonérer 12
égrener 11	ensemencer 6	expatrier *(s')* 4
élancer *(s')* 6	ensevelir 16	expédier 4
élargir 16	ensorceler 8	expier 4
électrifier 4	ensuivre *(s')* . . . . . .*déf.*	exproprier 4
élever 11	entendre *(s'... avec qn)* . 60	expurger 7
élire *qn qc* 45	entr'apercevoir 59	extasier *(s'... devant/sur)* . 4
émacier 4	entrelacer 6	extraire ⊖ *p.s.,*
embellir * *(s')* 16	entremettre 46	⊖ *subj. imp.* 67
emboutir 16	entreprendre 57	exulcérer 12
embrayer 13	entretenir *(s'... de)* . . . 70	
émécher 12	entrevoir 73	**F**
émerger *p.p. inv.* 7	entrouvrir 30	
émettre 46	énumérer 12	
émincer 6	envahir 16	faiblir *p.p. inv.* 16
emménager 7	envier 4	faillir *p.p. inv.* . . . . . .*déf.*
emmener 11	envisager 7	faire 40
émoudre 47	envoyer 15	falloir 41
émouvoir *(s'... de)*	épaissir 16	falsifier 4
p.p.: ému 69	épandre 60	farcir 16
empaqueter 9	épanouir *(s')* 16	fédérer 12
empeser 11	épeler 8	feindre 52
empiéter *sur* 12	épicer 6	fendre 60
emplir 16	épier 4	festoyer *p.p. inv.* 14
employer 14	éponger 7	feuilleter 9
empreindre *(s'... de)* . . . 52	épousseter 9	fiancer *(se ... avec)* . . . 6
émulsifier 4	éprendre *(s'... de qn)* . . 57	ficeler 8
enceindre 52	équarrir 16	fier *(se ... à qn)* 4
enchérir *sur qn/qc* 16	équivaloir *à, p.p. inv.* . . . 69	figer 7

fileter 11	gréer 5	interdire *prés.:*
financer 6	grener 11	*(vous) interdisez* 36
finir 16	grever 11	interférer *p.p. inv.* 12
flamboyer *p.p. inv.* 14	grillager 7	interpréter 12
fléchir 16	grimacer *p.p. inv.* 6	interroger *(s'… sur qc)* . . 7
flétrir *(se)* 16	grincer *p.p. inv.* 6	interrompre *(s')* 62
fleurir 16	grommeler 8	intervenir * 70
foncer 6	grossir * 16	intervertir 16
fondre *(se)* 60	guérir 16	introduire *(s')* 26
forcer *(se)* 6	guerroyer *p.p. inv.* 14	inventorier 4
forcir 16		investir 16
forger 7	**H**	irradier 4
fortifier 4		
fossoyer 14	haïr 43	**J**
foudroyer 14	haleter *p.p. inv.* 11	
fourbir 16	harceler 10	jaillir *p.p. inv.* 16
fournir 16	héberger 7	jauger 7
fourvoyer *(se)* 14	héler *(se)* 12	jaunir 16
fraîchir *p.p. inv.* 16	hennir *p.p. inv.* 16	jeter 9
franchir 16	historier 4	joindre *(se … à)* 44
frayer 13	hoqueter *p.p. inv.* 9	jouir *de qc, p.p. inv.* 16
frémir *p.p. inv.* 16	horrifier 4	juger 7
fréter 12	humidifier 4	jumeler 8
frigorifier 4	humilier 4	justifier *(de qc)* 4
frire . . . . *déf.*	hypertrophier 4	
froncer 6	hypothéquer 12	**L**
fructifier 4		
fuir *qn/qc* 42	**I**	lacer 6
fureter 11		lacérer 12
	identifier 4	lancer 6
G	immerger *(s')* 7	langer *(se)* 7
	immiscer *(s')* 6	languir *(se … de qn)* . . . 16
gager 7	imprégner *(s'… de qc)* . . 12	lapidifier 4
gamberger 7	incarcérer 12	larmoyer *p.p. inv.* 14
gangrener 11	incendier 4	lécher 12
gangréner 12	incinérer 12	légiférer *p.p. inv.* 12
garancer 6	inclure *p.p.: inclus* 39	léguer 12
garnir *de* 16	induire 26	léser 12
gâtifier *p.p. inv.* 4	inférer 12	lever *(se)* 11
gazéifier 4	infléchir 16	libérer *(se … de)* 12
geindre *p.p. inv.* 52	infliger 7	licencier 4
geler *(se)* 10	influencer 6	lier 4
gélifier *(se)* 4	ingénier 4	limoger 7
gémir *p.p. inv.* 16	ingérer 12	liquéfier 4
générer 12	initier *qn à qc (s'… à)* . . . 4	lire 45
gercer 6	injurier *(s')* 4	loger 7
gérer 12	inquiéter *(s'… de qc /*	longer 7
gésir . . . . *déf.*	*pour qn)* 12	lotir 16
glacer 6	inscrire *(s')* 38	louanger 7
glapir *p.p. inv.* 16	insérer *(s')* 12	louvoyer *p.p. inv.* 14
glorifier 4	instruire *(s')* 26	lubrifier 4
gorger 7	insurger *(s'… contre)* . . . 7	luire *p.p. inv.: lui* 26
gracier 4	intégrer *(s')* 12	
grandir * 16	intensifier 4	
gratifier 4	intercéder 12	
gravir 16		

M

macérer	12
magnifier	4
maigrir *	16
maintenir (se)	70
malmener	11
manger	7
manier	4
manigancer	6
marier (se ... avec qn)	4
marteler	10
maudire	16
maugréer	5
méconnaître	27
médire prés.: (vous) médisez, p.p. inv.	36
méfier (se ... de qn/qc)	4
mélanger à/avec	7
menacer qn de qc	6
ménager	7
mendier	4
mener	11
mentir à qn, p.p. inv.	51
méprendre (se ... sur qn)	57
mésallier (se)	4
métrer	12
mettre	46
meurtrir	16
mincir	16
mitiger	7
modeler	10
modérer	12
modifier (se)	4
moisir	16
mollir	16
momifier (se)	4
monnayer	13
morceler	8
mordre	60
morfondre (se)	60
mortifier	4
moudre	47
mourir * de qc	48
mouvoir (se)	49
mugir p.p. inv.	16
multiplier (se)	4
munir de	16
mûrir	16
museler	8
mystifier	4
mythifier	4

N

nager	7
naître *	50
nantir	16
négliger	7
négocier	4
neiger p.p. inv.	7
nettoyer (se)	14
nier	4
niveler	8
noircir	16
notifier	4
nourrir (se ... de)	16
noyer (se)	14
nuancer	6
nuire à qn/qc, p.p.: nui	26

O

obéir p.p. inv., passif: elles ont été obéies	16
obliger (s'... à)	7
oblitérer	12
obscurcir	16
obséder	12
obtempérer p.p. inv.	12
obtenir	70
occlure p.p.: occlus	39
octroyer	14
offrir	30
oindre déf.: nur p.p.	44
omettre	46
ondoyer	14
opérer	12
orthographier	4
oublier	4
ouïr	déf.
outrager	7
ouvrir	30
oxygéner	12

P

pacifier	4
pagayer	13
paître	déf.
pâlir	16
pallier	4
paqueter	9
parachever	11
paraître *	27
parcourir	29
parier	4
parler à qn	3
parodier	4
parsemer	11
partager	7
partir *	51
parvenir * à qc	70
patauger p.p. inv.	7
pâtir p.p. inv.	16
payer	13
pécher p.p. inv.	12
peindre	52
peler	10
pelleter	9
pendre (se)	60
pénétrer	12
pépier p.p. inv.	4
percer	6
percevoir	59
perdre	60
périr p.p. inv.	16
permettre (se ... de)	46
perpétrer	12
persévérer dans, p.p. inv.	12
personnifier	4
pervertir	16
peser (se)	11
péter	12
pétrifier	4
pétrir	16
photocopier	4
photographier	4
piéger	7 + 12
piger	7
pincer (se)	6
piqueter	9
placer (se)	6
plagier	4
plaindre (se ... à qn de qc)	31
plaire p.p. inv.	53
planifier	4
pleuvoir p.p. inv.	54
plier	4
plonger	7
ployer	14
poindre	déf.
polir	16
poncer	6
pondre	60
pontifier	4
posséder	12
pourfendre	60
pourrir *	16
poursuivre	66
pourvoir	55
pouvoir	56
précéder qn/qc	12
prédire prés.: (vous) prédisez	36

préférer 12	raffermir 16	redevenir * 70
préjuger *de qc* 7	rafraîchir *(se)* 16	rédiger 7
prélever 11	rager *p.p. inv.* 7	redire 36
prémunir	raidir *(se)* 16	réduire 26
(se ... contre qc) . . . 16	rajeunir * 16	réécrire 38
prendre 57	ralentir 16	réélire 45
présager 7	rallier 4	réexpédier 4
prescrire 38	rallonger 7	refaire 40
pressentir 51	ramener 11	référer 12
prétendre 60	ramifier 4	réfléchir *à qc* 16
prévaloir *subj. prés.:*	ramollir 16	refléter 12
que je prévale 69	rancir 16	refondre 60
prévenir *qn de qc* . . . 70	ranger 7	réfréner 12
prévoir 58	rapatrier 4	réfrigérer 12
prier 4	rapiécer . . . . 6 + 12	refroidir *(se)* 16
privilégier 4	rappeler *qc à qn*	réfugier *(se)* 4
procéder 12	*(se ... qn/qc)* 8	régénérer 12
procréer 5	raréfier 4	régir 16
produire 26	rassasier 4	régler 12
proférer 12	rasseoir 22	régner 12
projeter 9	rasséréner 12	regorger *p.p. inv.* 7
proliférer *p.p. inv.* . . . 12	ratifier 4	réincarcérer 12
prolonger 7	ravager 7	réinscrire *(se ... à)* . . 38
promener *(se)* 11	ravilir 16	réinsérer 12
promettre 46	ravir 16	réintégrer 12
promouvoir *p.p.: promu* . 49	rayer 13	réintroduire 26
prononcer 6	réagir *p.p. inv.* 16	réitérer 12
propager 7	réapparaître * 27	rejaillir *p.p. inv.* 16
proroger 7	réapprendre 57	rejeter 9
proscrire 38	rebattre 23	rejoindre *(se)* 44
prospérer *p.p. inv.* . . . 12	rebondir *p.p. inv.* . . . 16	réjouir *(se ... de qc)* . . . 16
protéger *(se ... de qc)* . 7 + 12	receler 10	relancer 6
provenir * 70	recéler 12	relayer 13
psalmodier 4	recevoir 59	reléguer 12
publier 4	recharger 7	relever 11
punir 16	recommencer 6	relier 4
purger 7	réconcilier 4	relire 45
purifier *(se)* 4	reconduire 26	reloger 7
putréfier *(se)* 4	reconnaître 27	reluire *p.p. inv.: relui* . . 26
	reconquérir 19	remanier 4
Q	reconsidérer 12	remarier *(se)* 4
	reconstruire 26	remblayer 13
qualifier *(se)* 4	reconvertir *(se)* 16	rembrunir *(se)* 16
quantifier 4	recopier 4	remédier à, *p.p. inv.* . . . 4
quérir . . . . .déf.	recoudre 28	remercier *(qn de/pour qc)* . 4
quittancer 6	recourir *à qn/qc* 29	remettre 46
	recouvrir 30	remmener 11
	recréer 5	remodeler 10
R	récrier *(se)* 4	remplacer 6
	récrire 38	remplir *de (se)* 16
rabattre 23	recroître *p.p. inv.: recrû* . 18	rémunérer 12
raccourcir 16	rectifier 4	renaître ⊖ *p.p.* 50
racheter *(se)* 11	recueillir *(se)* 34	renchérir *p.p. inv.* . . . 16
radier 4	recuire 26	rendormir 37
radiographier 4	récupérer 12	rendre 60
radoucir *(se)* 16	redéfaire 40	renforcer 6
	redescendre * 60	rengorger *(se)* 7

renier	4
renoncer à	6
renouveler	8
rentrouvrir	30
renvoyer	15
répandre	60
reparaître	27
repartir *	51
répartir	16
repeindre	52
repentir (se ... de qc)	51
repérer	12
répertorier	4
répéter (se)	12
replacer	6
replier	4
replonger (se)	7
répondre	60
reprendre	57
reproduire (se)	26
répudier	4
requérir	19
résilier	4
résoudre (se ... à), p.p.: résolu	17
resplendir p.p. inv.	16
ressaisir	16
ressemeler	8
ressentir	51
resservir p.p. inv.	64
ressortir *	51
ressouvenir (se ... de qc)	70
ressurgir	16
restreindre	52
resurgir p.p. inv.	16
rétablir (se)	16
retenir (se)	70
retentir p.p. inv.	16
retordre	60
retransmettre	46
rétrécir	16
réunifier	4
réunir (se)	16
réussir	16
revaloir qc à qn	69
révéler	12
revendre	60
revenir *	70
revêtir	71
revivifier	4
revivre	72
revoir	73
rincer	6
rire de qc/qn	61
romancer	6
rompre (se)	62
ronger	7

rosir	16
rôtir	16
rougeoyer p.p. inv.	14
rougir de	16
rouspéter p.p. inv.	12
rouvrir	30
rugir p.p. inv.	16
ruisseler	8

S

saccager	7
sacrifier (se ... à qc)	4
saillir (jorrar) def.: só 3.ª pess., fut.: il saillera, cond.: il saillerait	21
saillir (cobrir) def.: só 3.ª pess.	16
saisir (se)	16
salir (se)	16
sanctifier	4
satisfaire	40
savoir	63
scier	4
sécher (se)	12
secourir qn	29
sécréter	12
séduire	26
semer	11
sentir	51
seoir	déf.
sertir	16
servir qn	64
sévir contre, p.p. inv.	16
sevrer	11
sidérer	12
siéger p.p. inv.	7 + 12
signifier	4
simplifier	4
singer	7
skier p.p. inv.	4
solidifier	4
songer à, p.p. inv.	7
sortir *	51
soucier (se ... de)	4
soudoyer	14
souffleter	9
souffrir de qc	30
soulager	7
soulever	11
soumettre	46
soupeser	11
sourire	61
souscrire	38
sous-entendre	60

soustraire ⊖ p.s., ⊖ subj. imp.	67
soutenir	70
souvenir (se ... de qn/qc)	70
spécifier	4
spolier	4
statufier	4
sténographier	4
stratifier	4
strier	4
stupéfier	4
subir	16
submerger	7
subvenir à, p.p. inv.	70
subvertir	16
succéder p.p. inv.	12
sucer	6
suffire	65
suggérer	12
suivre qn	66
suppléer à qc	5
supplier	4
surcharger	7
surélever	11
surenchérir p.p. inv.	16
surgeler	10
surgir p.p. inv.	16
surmener (se)	11
surnager p.p. inv.	7
surprendre	57
survenir *	70
survivre à qn/qc, p.p. inv.	72
suspendre (se)	60

T

taire (se), prés.: il tait, p.p.: tu(e)	53
tancer	6
tapir (se)	16
tarir	16
teindre	52
télégraphier	4
tempérer	12
tendre à/vers qc	60
tenir (se)	70
ternir	16
terrifier	4
téter	12
tiédir	16
tolérer	12
tondre	60
tonifier	4
tonneler	8
tordre	60
toréer p.p. inv.	5

torréfier 4	
tournoyer *p.p. inv.* 14	
tracer 6	
traduire 26	
trahir 16	
traire 67	
transcrire 38	
transférer 12	
transiger *avec, sur, p.p. inv.* 7	
transmettre 46	
transparaître *p.p. inv.* . . . 27	
transpercer 6	
travestir 16	
tressaillir *p.p. inv.* 21	
trier 4	
trompeter 9	
tuméfier 4	
tutoyer *(se)* 14	

U

ulcérer 12
unifier 4
unir 16
urger 7

V

vaincre 68
valoir 69
varier 4
végéter *p.p. inv.* 12
vendanger 7
vendre 60
vénérer 12
venger *qn (se ... de qn)* . 7
venir * 70
verdir 16
verdoyer *p.p. inv.* 14
verglacer *p.p. inv.* 6
vérifier 4
vernir 16
versifier 4
vêtir *de qc* 71
vidanger 7
vieillir * 16

vinifier 4
vitrifier 4
vivifier 4
vivre 72
vociférer 12
voir 73
voleter 9
voleter 11
voltiger *p.p. inv.* 7
vomir 16
vouloir 74
vouvoyer *(se)* 14
voyager *p.p. inv.* 7
vrombir *p.p. inv.* 16

Z

zébrer 12
zézayer *p.p. inv.* 13